469

Merve Verlag

Dario Gentili

Krise als Regierungskunst

Aus dem Italienischen von Daniel Creutz

Merve Verlag

Deutschsprachige Erstausgabe

Originalausgabe: Dario Gentili, *Crisi come arte di governo*,

Macerata 2018, © Quodlibet

Redaktorat: Tom Lamberty, Max Seeth

Printed in Germany

Druck- und Bindearbeiten: Dressler, Berlin

Umschlagentwurf: Jochen Stankowski, Dresden

ISBN 978-3-96273-024-6

www.merve.de

Inhalt

Einleitung

Besteht ein Zusammenhang zwischen dem herrschenden Diskurs der Wirtschaftskrise, der seit 2008 die politischen Entscheidungen der meisten Länder dieser Welt kolonisiert, und den ubiquitären Like/Dislike, mit denen sich die Weltbürger durch die sozialen Medien über die vielfältigsten Themen aus den unterschiedlichsten Bereichen aussprechen? Auf den ersten Blick könnte ein solcher Zusammenhang gewagt erscheinen: Wie kann eine Wirtschaftskrise, die einen Diskurs bestimmt, der die Staaten an obligatorische Entscheidungen bindet, eine Entsprechung in der größtmöglichen Verbreitung und der radikalsten Individualisierung einer Ausübung von Kritik finden? Und doch setzen die von der Krise auferlegten und von einem Mangel an Alternativen bedingten Entscheidungen sowie die Reduktion von Kritik auf die Billigung (oder die Missbilligung) einer vorgegebenen Alternative bei genauerem Hinsehen dieselbe Modalität des Urteils voraus: das Urteil Pro oder Contra, Für oder Wider.

Das Für-oder-Wider-Urteil – zwischen zwei einander entgegengesetzten Optionen, das die Entscheidung für eine von zwei in Kontraposition zueinander befindlichen Alternativen unterstellt – kann heute als die Urteilsmodalität schlechthin gelten. Das lässt sich sowohl an Problemen von öffentlicher Bedeutung feststellen als auch an denen, die das Verhalten der einzelnen Individuen betreffen. Ein solches Urteil fungiert im Allgemeinen als Modell, auf das jedes Entscheidungsverfahren letztendlich zurückzuführen sein muss, damit man schließlich zu einer finalen Lösungsentscheidung gelangen kann – über das Leben der Gesellschaft und über das eigene individuelle Leben. Und dennoch scheinen die von dieser Krise und dieser Gesellschaft fortlaufend unterstellten Alternativen, obgleich sie einen scharfen Gegensatz bilden, keine wirkliche Lösung anzubieten, die darin läge, der Krise zu entkommen oder der eigenen sozialen und existentiellen Lage eine Wendung zu geben. Daher scheint es, dass das Pro-oder-Contra-Urteil, so häufig und weitverbreitet davon heutzutage auch Gebrauch gemacht wird, überhaupt keine wirksame Entscheidung herbeiführt. Und genau darin besteht, zumindest auf einen ersten Blick, der Zusammenhang zwischen der Wirtschaftskrise und dem Statut der Kritik in Zeiten der Sozialen Medien.

Ausmaß und Bedeutung dieses Wandels lassen sich abschätzen, wenn man die Urteilsmodalität Für oder Wider, Pro oder Contra, in ihrem politischen Gebrauch ins Auge fasst. Ihre politische Anwendung in Form eines finalen Urteils geht auf die Moderne zurück. Das Letzturteil erhält seine politische Bedeutung in Krisenzeiten, wenn die politische Macht nicht mehr in der Lage ist, die Ordnung aufrechtzuerhalten, und eine auflösende Entscheidung in letzter Instanz einspringt, um entweder – in konservativer Absicht – die Ordnung wiederherzustellen oder aber diese in revolutionärer Absicht zu stürzen. Damit die Bedingungen für ein finales und auflösendes Urteil gegeben sind, muss sich ein Zustand der Ausnahme oder des Notstands einstellen; und nur in der Krise wird ein solches Urteil »politisch«, d. h. wenn die amtierende politische Regierung an und für sich nicht mehr dazu imstande ist, die eigene Macht zu erhalten. Ist diese typisch moderne Form des »politischen Urteils« als auflösende Letztentscheidung jedoch noch immer geeignet, um die Modalität des politischen Urteils zu beschreiben und zu verstehen, die heute (nicht allein) die westlichen Demokratien prägt?

Es scheint sich in der Tat so zu verhalten, dass das Für-oder-Wider-Urteil heute, in unserem neoliberalen Zeitalter, mehr denn je nicht nur die Gesellschaft und ihre Medien, sondern auch die politische Bühne beherrscht. Dabei genügt es, an die weltweit immer häufiger zu registrierende Anwendung von Referenda zu denken, die sich gegenüber der Zeit vor dem Fall der Berliner Mauer geradezu verdreifacht haben und die anberaumt werden, um die Bevölkerung dazu aufzurufen, sich über politische Fragen von größter Bedeutung auszusprechen. Um hier nur die bekanntesten Beispiele zu nennen: das 2015 in Griechenland abgehaltene Referendum oder dasjenige über den Brexit aus dem Jahr 2016. Abgesehen von den Unterschieden in Inhalt und Ergebnis wurde das jeweilige Referendum in beiden Fällen als höchstes Ausdrucksmittel demokratischer Politik bezeichnet. Ist dem jedoch tatsächlich so? Oder stellt das Referendum vielmehr eines der Instrumente dar, auf das die Regierenden, die herrschende

Klasse, zunehmend zurückgreift, um die eigenen Entscheidungen zu legitimieren, zu beglaubigen und zu verbürgen? Zeigt die Referendumsfrage – wie auch immer sie formuliert sein mag – nicht vielleicht doch sehr deutlich, worin der »Regierungsentscheid« besteht? Man muss jedoch große Vorsicht walten lassen – insbesondere der Fall des Brexit verlangt dies –, die Funktion eines Referendums nicht von seinem Ausgang abhängig zu machen, als läge die zu treffende Entscheidung wirklich zwischen Erhalt und Revolution. Letzten Endes untersteht das Referendum – auch dort, wo es nicht von der Regierung, sondern von sozialen und politischen Bewegungen unterstützt wird, die deren Politik entgegentreten – noch immer der Regierungskunst und führt, welches auch immer sein Ausgang sein mag, höchstens zu einem Wandel *innerhalb* der Regierungslogiken. Die eigentliche Frage ist vielmehr, *wie* die Regierungskunst beschaffen ist (und aus welcher Ordnung sie hervorgeht), die die Entscheidungsmodalität des Referendums (und anderer ähnlicher Instrumente) als politisches Urteil schlechthin ausgibt. Denn immer häufiger nehmen auch politische Wahlen die Bedeutung eines Urteils Für oder Wider diesen oder jenen Spitzenkandidaten an, wobei das Votum, wenn es nicht ohnehin auf das »kleinere Übel« ausgerichtet ist, immer öfter wie ein »Gefällt mir« in den sozialen Netzwerken zum Ausdruck gebracht wird. Bei genauerer Betrachtung unterliegt auf der Ebene der parlamentarischen Verfahren auch das gehäuft auftretende Regieren aufgrund von Dekreten oder Vertrauensabstimmungen einer ganz ähnlichen Logik, da es sich, wenn die Bevölkerung dabei auch nicht direkt einbezogen wird, einer Entscheidungsmodalität bedient, die sich auf Notfall- oder Ausnahmeverfahren beruft, den normalen Amtsweg der parlamentarischen Diskussion nicht einhält und im Wesentlichen in der »Billigung« (oder der Missbilligung) der amtierenden Regierung besteht.

Ein weiteres Phänomen, das dem ersten Anschein nach ebenfalls auf einer völlig anderen Ebene zu verorten ist, lässt sich letzten Endes auf die Durchsetzung des Pro-oder-Contra-Urteils in der Politik zurückführen: Nicht nur der Rückgriff auf das Instrument des Referendums hat sich nach 1989 vervielfacht, sondern nach dem Fall der Berliner Mauer stieg auch die Errichtung »politischer Mauern« auf der ganzen Welt beträchtlich an – davon lassen sich inzwischen mehr als dreißig ausmachen, ohne schon diejenigen einzurechnen, die sich noch in der Planungsphase befinden. Diese Mauern materialisieren die Notwendigkeit eines Urteils Für oder Wider, indem sie eine starre Alternative zwischen zwei Extremen darstellen: Innen oder Außen. Auch in diesem Fall stellt sich die sich aufdrängende Entscheidung für diejenigen, die sich auf der falschen Seite der Mauer befinden, oftmals als verbindlich und obligatorisch dar: als eine Entscheidung zwischen Leben und Tod.

Absicht dieses Buches ist es aufzuzeigen, inwiefern eine Regierungskunst, die sich solcher Instrumente bedient, nicht mehr derjenigen entspricht, die für die Moderne charakteristisch war, und inwiefern sich infolgedessen auch die Funktion des Urteils Für oder Wider wandelt und verschiebt. Gegenüber der Moderne hat sich insbesondere der Kontext der Krise zutiefst verändert, aus dem diese Urteilsmodalität hervorgeht. Während die Krise, die den Augenblick der Letztentscheidung bezeichnete, denjenigen Moment, in dem von dieser Entscheidung das erhaltende oder revolutionäre Resultat einer bestimmten historisch-politischen Konstellation abhing, in der Moderne von der Politik bestimmt wurde, hat die Krise heutzutage eine im Wesentlichen ökonomische Konnotation angenommen: Es ist jetzt die Wirtschaftskrise, die die politischen Entscheidungen orientiert und konfiguriert. Auch der Satz: »Wir befinden uns in der Krise, es gibt keine Alternativen«, mit der die Regierungen der halben Welt die unpopulärsten politischen wie wirtschaftlichen Entscheidungen begründen, legitimieren und durchsetzen, ist nicht ausschließlich auf eine rhetorische Strategie zurückzuführen, sondern umschreibt eine genau bestimmte Regierungskunst. Interpretationen der Wirtschaftskrise als »unendliche Krise« oder als »säkulare Stagnation«, die diese ohne jede Unterbrechung mindestens bis in die zweite Hälfte der 1970er Jahre zurückreichen lassen (d. h. in die Zeit, in der die neoliberalen ökonomischen Rezepte nicht zufällig begonnen haben, die Politik einiger Länder zu bestimmen), unterstehen voll und ganz der Bestimmung der Krise als einer Regierungskunst. Es lässt sich daher die These vertreten, dass die Krise als Regierungskunst für die »politische« Bestimmung der Wirtschaftskrise im neoliberalen Zeitalter steht.

Die Wirtschaftskrise neoliberaler Prägung führt de facto zu keinerlei »Ausnahmezustand«, sondern hat – wie Walter Benjamin bereits 1940 darlegte – die Ausnahme zur Regel gemacht. Der charakteristische Beitrag, den die neoliberale Regierungskunst zu dieser Ausgestaltung der Krise geleistet hat, besteht gerade in dem von ihr hervorgebrachten Modell des politischen Urteils. Denn obgleich dieses die Form des Urteils Für oder Wider beibehält, geht daraus nicht mehr wie noch in der Moderne eine auflösende Letztentscheidung hervor, die – um einen Ausweg aus der Krise zu weisen – eingreift, um die Ordnung wiederherzustellen oder zu stürzen. Es handelt sich mittlerweile um ein Urteil, das zur *Erhaltung* der Ordnung selbst funktional ist oder besser gesagt: zu ihrer *Verwaltung*. Kurzum, mit den obligatorischen Entscheidungen, die von der Krise – aus dem *Inneren* der gegebenen Ordnung heraus – herbeigeführt werden, wird regiert. Es handelt sich also um ein Urteil ohne Letztentscheidung, das von der neoliberalen Krise ausgestaltet und als Regierungsfunktion angewendet wird.

Wenn sie auch typisch neoliberale Züge annimmt und sogar mit der Durchsetzung des Neoliberalismus allererst zu entstehen scheint, hat die Krise als Regierungskunst ihre Wurzeln in der Antike und ist folglich allein durch eine genealogische Verfahrensweise angemessen zu interpretieren. Diese wird aufweisen können, dass die neoliberale

Krise zwar eine Diskontinuität gegenüber der modernen Konfiguration der Krise darstellt, sie jedoch andererseits in einer vollkommenen Kontinuität zu ihrer vormodernen Matrix und deren Anwendung steht. Die genealogische Rekonstruktion schreibt die neoliberale Krise demnach in eine Erzählung langer Dauer des Dispositivs der Krise ein, innerhalb derer ihre »moderne Differenz« letztlich nur einem kurzen zeitlichen Einschub entspricht.

Der Zusammenhang zwischen der Krise und dem Für-oder-Wider-Urteil findet im antiken Griechenland seine Grundlage. Zu jener Zeit bildete die Krise nicht einfach die exemplarische Gelegenheit, in der sich ein Für-oder-Wider-Urteil ausdrückte, sondern das Für-oder-Wider-Urteil *war* die Krise selbst. Das Wort *krísis* und das entsprechende Verb *krínein* bezeichnen nämlich ein Urteil zwischen zwei voneinander getrennten und untereinander verschiedenartigen Elementen. Jedoch – und darin liegt der wesentliche Unterschied zur Moderne – wird das Urteil der *krísis* nicht zwischen zwei gleichermaßen gangbaren Alternativen gefällt, von denen die eine für gewöhnlich das genaue Gegenteil der anderen darstellt. Vielmehr schreibt sich die *krísis* in eine vorgegebene Ordnung ein, die sie voraussetzt: Auch wenn sie sich zwischen zwei Extremen situiert, ist die von der *krísis* herbeigeführte Entscheidung obligatorisch und stets auf den Erhalt der sie legitimierenden gegebenen Ordnung ausgerichtet. Diese Urteilsmodalität der *krísis* findet schon bei Parmenides Verwendung, bevor sie von Platon innerhalb der politischen Ordnung der *pólis* verortet wird. Bei Platon fällt das Urteil der *krísis* unter die Vorrechte der Regierenden und wird im Besonderen den Richtern übertragen, deren Aufgabe es ist, die bestehende Ordnung zu verwalten. Damit beschränkt Platon den Gebrauch der *krísis* auf die gerichtliche Verwaltung der Stadt und unterscheidet deren Urteilsmodalität dezidiert von einer politischen Entscheidung im eigentlichen Sinne: von jener politischen Entscheidung nämlich, die die Ordnung der *pólis* einsetzt, deren politisches Leben organisiert und sie in Frieden wie im Krieg führt und befehligt. Diese politische Entscheidung obliegt hingegen der Bürgerversammlung. Bei Platon – wie dann auch bei Aristoteles – steht das Urteil der *krísis* demzufolge im Dienst der politischen Entscheidung, wie auch die gerichtliche Verwaltung der Stadt nicht mit der politischen Macht zu verwechseln ist, der sie sich unterzuordnen hat.

Im antiken Griechenland taucht der Begriff *krísis* neben der Bestimmung des forensischen Urteils im medizinischen Wortschatz auf, und zwar sowohl bei Hippokrates wie dann später auch bei Galen. Auch in diesem Fall beschreibt die *krísis* einen Zustand, in dem das Urteil zwischen zwei Extremen verortet ist: zwischen Leben und Tod. Die Krise entspricht somit dem Augenblick, in dem sich der Körper im Verlauf einer Krankheit auf dem Höhepunkt des Kampfes zwischen Leben und Tod befindet. Und dennoch bringt die *krísis*, zumindest bei Hippokrates, keine wirksame Entscheidung des Arztes mit sich; vielmehr bezeichnet sie den Moment, da der Körper auf die Krankheit reagiert und die natürliche Tendenz zur Selbsterhaltung überwiegt. Auch im Fall der antiken Medizin hat man es folglich nicht mit einer Letztentscheidung zu tun. Der Arzt entscheidet nicht über Leben und Tod des Patienten, sondern ist nur dazu angehalten, Heilungschancen zu *diagnostizieren*, die dann jedoch von der Natur selbst verwirklicht werden. Der Tod tritt daher gerade in Abwesenheit einer Krise ein.

Die *krísis* ist damit Ausdruck der Selbsterhaltung der natürlichen und körperlichen Ordnung. Wie das forensische Urteil fällt auch das medizinische Urteil in den Bereich der Verwaltung, nämlich denjenigen einer Verwaltung der Gesundheit der Bevölkerung. Obgleich sich der Arzt auf die Diagnose des Ausgangs einer Krankheit zu beschränken hat, kann er dennoch auf der Grundlage seiner erworbenen Erfahrung prognostizieren, unter welchen Bedingungen eine bestimmte Krankheit eintreten wird und demnach intervenieren, um die Verhaltensweisen der Bevölkerung zu verwalten. Auch in diesem Fall hat die Verwaltung des Gesundheitswesens im Dienst der politischen Macht zu stehen.

Kurzum, damals wie heute sind es die »Techniker« – im antiken Griechenland die Richter und Ärzte –, die damit beauftragt sind, die Krise zu verwalten. Der grundlegende Unterschied besteht in der »politischen« Konnotation, die ein solches »technisches« Urteil heute annimmt, da die politische Krise zu einer Frage der Verwaltung und die Verwaltung zur Regierungskunst schlechthin wird.

Die »technische« Konnotation, die dem Begriff Krise in der Antike zukam, hat dessen Bedeutung bis in die Neuzeit hinein bestimmt. Bis zur Mitte des 18. Jahrhunderts taucht das Stichwort »Krise« in den Enzyklopädien und Wörterbüchern der maßgeblichen europäischen Sprachen ausschließlich in seiner medizinischen Bedeutung auf. In Analogie zu dieser medizinischen Bedeutung beginnt es nach und nach in den ökonomischen Wortschatz einzuwandern. Erst am Vorabend der Französischen Revolution erhält der medizinische Sinn von Krise auch in den politischen Diskurs Einzug. Das geschieht in dem Moment, da das Für-oder-Wider-Urteil – wie es für die aufklärerische Kritik kennzeichnend ist – sich als Urteil über die Gesundheit oder Krankheit der konstituierten politischen Macht ausgestaltet.

Wenn auch mit einer gewissen Vorsicht, bringt Jean-Jacques Rousseau den Verlauf der medizinischen Krise mit der Idee der Revolution in Verbindung, wie sie die anbrechende Moderne ankündigt und entwirft: Die gegebene Ordnung entspricht nicht mehr dem Zustand der Gesundheit, den die Krise aufrecht zu erhalten hat; vielmehr ist der politische Körper krank – so das Urteil der aufklärerischen Kritik –, und die Revolution könnte zu dessen Genesung und Regeneration beitragen. Die Französische Revolution ist der historische Beweis dafür, dass eine politische Krise eine neue Ordnung hervorbringen kann. Im Rahmen dieser Konstellation wird die Krise politisch und ruft eine Letztentscheidung auf den Plan, die die alte Ordnung zum Tode verurteilt und eine neue affirmiert und etabliert.

Karl Marx tritt als Erbe der Französischen Revolution auf und radikalisiert die inzwischen in jeder Hinsicht politisch gewordene aufklärerische Kritik. Marx versucht ferner, die revolutionäre Aufladung der Krise und der politischen Entscheidung ins Innere des ökonomischen Diskurses zu überführen. Während er die Wirtschaftskrisen des kapitalistischen Systems im *Manifest* als einen Modus betrachtet, durch den sich dieses erhält und wieder erstarkt, gebraucht er das medizinische Dispositiv der ökonomischen Krise in den *Grundrissen* in einer revolutionären Weise und Absicht: Die Krisen stellen das Symptom der tödlichen Krankheit des kapitalistischen Systems dar, und allein die politische Revolution und das Proletariat, das diese voranzutreiben hat, können eine neue Ordnung, neues Leben hervorbringen. Die Krise der kapitalistischen Ökonomie ist nicht mehr auf den Selbsterhalt des Systems ausgerichtet, sondern auf dessen Umsturz und Revolutionierung. Marx verbindet damit die von der Wirtschaftskrise auferlegte obligatorische Entscheidung mit dem revolutionären Anliegen.

Antonio Gramsci modifiziert die marxsche Diagnose bezüglich des Gesundheitszustands des kapitalistischen Systems nicht grundlegend, schreibt die Bereitschaft zum Gebrauch der Krise jedoch nicht den subalternen, sondern gerade den herrschenden Klassen zu. Er bestimmt die Krise als jenes »Interregnum« zwischen der im Sterben liegenden alten Ordnung und einem neuen Leben, das vorerst noch nicht entstehen kann. Die Regierung dieses

Interregnums obliegt in erster Linie der herrschenden Klasse – und seine Dauer ist völlig unbestimmt, da die Krise nicht von sich aus neues Leben hervorbringt. Im Gegenteil: Die Krise ereignet sich im Bereich der herrschenden Klasse und erfüllt ihre Funktion in dem Moment perfekt, da sie das Prinzip der Selbsterhaltung der Ordnung obsiegen lässt. Die »tödliche Gefahr«, welche die Krise darstellt und die sie androht, besitzt die Funktion, die subalternen Klassen dazu zu bewegen, für das Überleben der Ordnung anstatt für deren Tod einzutreten. Bei Gramsci beginnt die Krise auf diese Weise, die biopolitischen Züge anzunehmen, die sich später im neoliberalen Dispositiv der Krise wiederfinden lassen. Denn mit dem Neoliberalismus gibt sich die herrschende Klasse als Vertreter der »Partei des Lebens« aus.

»Partei des Lebens« ist ein Ausdruck, den Friedrich August Hayek – einer der maßgeblichen theoretischen Referenzautoren des Neoliberalismus – verwendet, um damit seine Konzeption des Liberalismus zu bezeichnen, die diese von den vorangehenden unterscheiden soll. In seinen Vorlesungen zur *Geburt der Biopolitik* analysiert Michel Foucault diesen Ausdruck Hayeks, um herauszustellen, dass der Neoliberalismus nicht einfach als eine technische Regierungsalternative auftritt, sondern als eine Regierungskunst, deren Diskursordnung darin besteht, keinerlei Alternativen zuzulassen: Sie verwirklicht sich in dem Moment, da die neoliberale Regierungskunst – jenseits jeglichen

Klassengegensatzes – im Namen des Lebens handelt. Doch Hayek nimmt eine entscheidende Rolle in der Konstruktion des neoliberalen Diskurses und damit auch innerhalb dieses Essays nicht nur deswegen ein, weil er den biopolitischen Hintergrund zum von Margaret Thatcher geprägten neoliberalen Mantra *there is no alternative* geliefert hat; sondern v. a. auch deshalb, weil er mit noch größerer Bewusstheit und Schärfe als sein Lehrer Ludwig Mises ab den 1930er Jahren versteht, dass das Problem der Wirtschaftskrisen – um über die nach der Krise von 1929 vorherrschende keynesianische Lösung triumphieren zu können – nicht im Rahmen der Theorie des allgemeinen wirtschaftlichen Gleichgewichts in Angriff genommen werden kann, welche die Krise als »Ungleichgewicht« behandelt und beabsichtigt, diese durch die Wiederherstellung des Wirtschaftskreislaufs zu überwinden. Hayek versteht vielmehr, dass die Krise kein nur momentanes und vorübergehendes Phänomen darstellt und dass ihre Funktion daher nicht auf eine Wiedereinsetzung des Gleichgewichts des Wirtschaftszyklus reduziert werden kann. Das von der Krise aufgeworfene Problem ist vielmehr dasjenige der »Regierung«. Und deshalb sind der Markt und seine Zyklen nicht auf Grundlage des Gleichgewichtskriteriums zu betrachten, sondern auf Grundlage des Kriteriums der *Ordnung*. »Spontane Ordnung« lautet der von ihm verwendete Ausdruck, um den Markt zu definieren. Die Ordnung des Marktes ist daher eine Ordnung, die sich vermittels einer beständigen Evolution, zu der die

Unternehmungen der Individuen zwar beitragen, die sie jedoch nicht lenken, selbst regiert: Die Ökonomie selbst wird zur Regierungskunst. Und folglich ist auch keine dieser äußerliche Position denkbar, aus der die Kritik der gegebenen Ordnung hervorgehen könnte, um die Einsetzung einer neuen Ordnung voranzutreiben. Die spontane Ordnung sichert das Überleben, und außerhalb ihrer sind die Subjekte zum Untergang bestimmt: Wie Margaret Thatcher ausgeführt hat, gibt es keine andere Alternative, als sich der Ordnung anzupassen. Damit kehrt die obligatorische Entscheidung der griechischen *krísis* zurück.

Innerhalb der spontanen Ordnung des Marktes kann die *krísis* wieder die Funktion ausfüllen, die sie in der antiken Welt innehatte: die Bewahrung der vorgegebenen Ordnung und die Legitimierung des Handelns der Regierenden. Um die Diskontinuität gegenüber dem neuzeitlichen politischen Ansatz hervorzuheben – namentlich demjenigen, der die aufklärerische Kritik zum Kriterium der politischen Krise gemacht hatte –, greift Hayek auf eine Begrifflichkeit zurück, die direkt auf das antike Denken zurückgeht: »Katallaxie« ist der von ihm gebrauchte Begriff, um die Form der Regierung anzuzeigen, die aus der Ökonomie des Tauschs und des Marktes hervorgeht, während »Kosmos« denjenigen Begriff darstellt, der die spontane Ordnung des Marktes charakterisiert. Der Kosmos bildet eine Ordnung, die – man denke an die griechische Tragödie – nicht in der Macht der Menschen liegt. Kein menschliches Wesen – und sei es auch der Souverän – und keine politische Revolution können von außerhalb eingreifen, um diese Ordnung zu stürzen oder umzukehren. Keine politische Macht kann demnach die Zwecke der spontanen Ordnung des Marktes als Kosmos regieren oder orientieren. Der Kosmos des Marktes regiert sich selbst, und zwar vermittels der Krise, der Verwaltung der Macht sowie der Verwaltung der Gesundheit der Körper. Im Neoliberalismus wird demzufolge die platonische Unterordnung der *krísis* unter die politische Macht aufgehoben: Die politische Macht hat die Gestalt der Verwaltung angenommen, und die Krise ist zur Form des »politischen Urteils« geworden.

Mit ihrer neoliberalen Ausgestaltung – mit der Krise als Regierungskunst – kommt die Krise also direkt zum Einsatz, um das individuelle Verhalten sowie dasjenige der Bevölkerungen zu regieren: Das ist die Voraussetzung, die es erlaubt, die gegenwärtige Krise geradehin als eine biopolitische zu bezeichnen. Es trifft zwar zu, dass das Modell des Urteils der Krise seit der Antike die Funktion besaß, die individuellen Verhaltensweisen zu verwalten, dabei ist jedoch stets zu berücksichtigen, dass der Rückgriff auf die *krísis* auf die richterliche und die ärztliche *téchnē* beschränkt war. Erst seitdem der zunächst der Politik untergeordnete ökonomische Diskurs beherrschend wurde und seitdem die gerichtliche und die medizinische Praxis die politische *téchnē* zu prägen beginnen, nimmt die Verwaltung des menschlichen Verhaltens die Züge der Biopolitik an. Und mit dem Neoliberalismus hat die Regierung der Lebensformen im globalen Markt die ihr entsprechende Ordnung gefunden. Die Diskursordnung des Marktes regiert die Verhaltensweisen durch die beständige Androhung einer »tödlichen Gefahr«, die in Ausgrenzung, Armut, Kündigung und Arbeitslosigkeit besteht – in der Gefahr, nicht zu überleben, wenn man nicht dazu fähig ist oder als würdig erachtet wird, »auf dem Markt zu bleiben«. Das unternehmerische Risiko des neoliberalen Arbeiters begleitet stets die Prekarität seiner Position im Kosmos. Es ist dies eine Kondition, die dem Markt – der Unergründlichkeit der Zwecke und Pläne des Kosmos – den Erfolg oder das Scheitern des Unternehmens überantwortet. Nicht zufällig behauptet Hayek, dass der Mensch – d. h. der Unternehmer, der dem Leben seine Form gibt – niemals Herr des eigenen Schicksals ist. Die Kondition der Prekarität bildet demnach sehr wohl die typische Gestalt der Arbeit im Zeitalter der neoliberalen Krise als Regierungskunst, kann dabei jedoch keineswegs auf diejenigen beschränkt werden, die mit befristeten Verträgen und ohne weitere Garantien arbeiten. Das Prekariat ist folglich nicht als eine Klasse im sozioökonomischen Sinne zu bestimmen; diejenige des Selbstunternehmers ist vielmehr eine Lebensform, die zunehmend jede Art von Arbeit beherrscht, auch die unbefristete und durch Arbeitsverträge abgesicherte. Die obligatorischen Entscheidungen, welche die Krise als Regierungskunst auferlegt, damit das eigene Überleben im Kontext des Marktes gesichert werden kann, charakterisieren inzwischen die Lebensform eines jeden Individuums – unabhängig von seinem jeweiligen Arbeitsvertrag.

Wenn diese Lebensform auch erst heute zur vorherrschenden wurde, so begann sie sich dennoch bereits in der zweiten Hälfte des 19. Jahrhunderts auszubilden, als die Französische Revolution sowie die unmittelbar auf diese folgenden Revolutionen – die auf das moderne Paradigma der politischen Krise zurückzuführen sind – als ihr wesentliches Resultat eine universelle Bürgerschaft durchsetzten. Während die Kritik dieses Resultats auf der einen Seite – mit Marx und dem Marxismus – die Instanz der proletarischen Revolution hervorbrachte, ließen die Gleichförmigkeit und der Konformismus der bürgerlichen Einwohnerschaft und die unterschiedslose Masse der Metropolen auf der anderen Seite die neuen Formen von Individualität unbefriedigt zurück, die im Paris des 19. Jahrhunderts Gestalt angenommen haben. Der Rekonstruktion und der Interpretation Benjamins zufolge ist es Charles Baudelaire, der deren Typologie wie kein anderer verkörpert. Um sich von der Masse zu unterscheiden und der eigenen Individualität ein Überleben zu sichern, wurde Baudelaire zu »seinem eigenen Impresario« und verkaufte seine Lebensform als *dandy* auf dem literarischen Markt. Der Markt stellte für ihn – jenseits der Ordnung des Staates und der Staatsbürgerschaft – jene kosmische Ordnung dar, innerhalb derer er seine künstlerischen und intellektuellen Unternehmungen zur Geltung bringen und sich als Heros profilieren konnte.

Zu jener Zeit konnte die Prekarität des Künstlers und des geistigen Arbeiters noch ein Unterscheidungsmerkmal gegenüber der Massengesellschaft und der Anonymität der fordistischen Fabrik darstellen; in postfordistischer Zeit jedoch ist sie zur Regel geworden. Und jener Kosmos des Marktes, der einst eine Alternative zur herrschenden Ordnung des Nationalstaats sowie zu derjenigen der Fabrik bilden konnte, verkörpert heute eine Ordnung ohne jede Alternative, da er den Staat selbst und die institutionelle Politik vollkommen in seinen Dienst gestellt hat. Dazu genügt es, an die auf der ganzen Welt immer häufiger auftretende Inanspruchnahme sogenannter »technischer Regierungen« zu denken, die »Ausnahmezustände« regieren und dem Markt genehme Reformen durchsetzen sollen; um gar nicht erst von den vielsagenden Beispielen jener Länder zu reden – Belgien, Spanien, Niederlande –, die gerade in den heftigsten Jahren der Wirtschaftskrise einen signifikanten Aufschwung erlebten, als sie in der Folge von Wahlen, die eine Pattsituation herbeiführten, über lange Zeit hinweg überhaupt keine voll funktionsfähige politische Regierung besaßen. Auch das Ergebnis der Referenda in Griechenland und Großbritannien kann – wie allerdings des Öfteren zu vernehmen ist – keine »Rückkehr des Staates« und seines neuzeitlichen politischen Primats bedeuten. In beiden Fällen untersteht das Resultat des Referendums der Ordnung des Marktes. Die daraus folgende Entscheidung ist daher keinesfalls eine Letztentscheidung, sondern ist dem Modell der neoliberalen Krise zuzuschlagen, insofern sie neue und andere obligatorische Entscheidungen hervorbringt, die unmittelbar daraus folgen und noch folgen werden. Und auch die sogenannten »neuen Populismen« können nicht als Alternativen zum Neoliberalismus angesehen werden, da die von ihnen aufgebotenen Instanzen aus derselben, von der Kondition der Krise herbeigeführten Prekarität hervorgehen – weswegen Ordnung, Sicherheit und Verteidigung, für die diese eintreten, voll und ganz in die Regierung der Krise fallen. Eine wirkliche Alternative hingegen wäre in Bezug auf die Erzählung vom neoliberalen Kosmos zu entwickeln: eine kosmische Erzählung, die sich dem einzelnen Individuum nicht als ein unentrinnbares Schicksal präsentiert, sondern die gemeinschaftlich und jenseits der Krise geteilt und entschieden werden könnte. Das jedoch wäre ein anderer Kosmos, in dem sich die politische Entscheidung schließlich als vom Urteil der Krise entkoppelt erwiese.

I

Ich werde ein anderes Beispiel aufgreifen: das der Ausbildung eines medizinisch-rechtlichen Dispositivs [...].

Michel Foucault[1]

1 Michel Foucault, »Das Spiel des Michel Foucault«, in: ders., *Dits et Ecrits*, Schriften Bd. 3, Frankfurt/Main 2003, S. 391-429, hier S. 403.

1. Krise als Dispositiv

Gegen Ende seines Artikels zum Begriff der Krise von 1982 zieht Reinhart Koselleck die Bilanz der etymologischen Analyse des Terminus »Krise« sowie der Wandlungen, die dessen Bedeutung zu verschiedenen Zeiten und in den unterschiedlichen Bereichen erfuhr, in die er Eingang gefunden hat. Gegenüber seinem griechischen Ursprung scheint es, dass sich die Prägnanz seiner ursprünglichen Bedeutung schrittweise abgeschwächt und er in der Gegenwart so eine gewisse Unbestimmtheit erlangt hat. Ja, es scheint, dass der Erfolg und die große Verbreitung des Terminus gerade einer solchen Unbestimmtheit geschuldet sind. Kosellecks Untersuchung des Krisenbegriffs mündet in die Schlussfolgerung: »Die alte Kraft des Begriffs, unüberholbare, harte und nicht austauschbare Alternativen zu setzen, hat sich in die Ungewissheit beliebiger Alternativen verflüchtigt.«[2] Was sich für Koselleck heute verflüchtigt hat, entspricht der typisch modernen Bestimmung des Krisenbegriffs – »unüberholbare, harte und nicht austauschbare Alternativen zu setzen« –, was zugleich den Appell an eine »Letztentscheidung« einschloss, die zwischen den derart hart ausgestalteten Alternativen zu wählen und damit die

---

2 Reinhart Koselleck, Art. »Krise«, in: O. Brunner, W. Conze u. R. Koselleck (Hg.), *Geschichtliche Grundbegriffe. Historisches Lexikon zur politisch-sozialen Sprache in Deutschland*, Stuttgart 1982, S. 617-650, hier S. 649.

Krise aufzulösen hatte. In dem Moment, da die Alternativen jedoch vollkommen beliebig scheinen – d. h. nicht mehr auf einen nicht mehr weiter vermittelbaren und daher unüberholbaren Gegensatz zurückführbar sind –, schwindet zusehends auch die Möglichkeit einer Letztentscheidung: Keine der aus der Krise erwachsenden Entscheidungen kann mehr als auflösend und endgültig auftreten. Von diesem durch und durch modernen Vermögen der Krise, harte Alternativen zu setzen, die zu einer Letztentscheidung führen – was ihren Begriff mit denjenigen von »Konflikt« und »Revolution« austauschbar macht –, bleibt die bloße Fähigkeit, »Ambivalenzen und Anschlüsse zu erzeugen«, wodurch jedoch gerade der Sinn und die Bedeutung verwässert werden, die der Begriff in der Moderne angenommen hatte: »›Krise‹ ist sowohl anschlussfähig wie anschlussbedürftig, sinnpräzisierend aber auch sinnsuchend. Diese Ambivalenz kennzeichnet den gesamten Wortgebrauch. ›Krise‹ wird austauschbar mit ›Unruhe‹, ›Konflikt‹, ›Revolution‹, so wie das Wort, relativ vage, aufgerührte Stimmungs- oder Problemlagen umschreiben kann.«[3] Wenn die Fähigkeit der Krise, »Anschlüsse und Ambivalenzen zu erzeugen«, also keine absolute Unterscheidung zwischen den sich auftuenden Alternativen mehr impliziert, hat man es mit einem Begriff zu tun, der je nach seinen Anwendungsfeldern sowie den anderen Begriffen, mit denen er dabei jeweils verbunden wird, formbar ist, ohne dass sich dabei noch eine cha-

3 Ebd.

rakteristische und eigene Bedeutung durchhielte. Wenn aber tatsächlich genau darin seine Besonderheit läge, ließe sich »Krise« dann überhaupt noch als ein Begriff bezeichnen?

Unsere Absicht ist es zu zeigen, dass die große Verbreitung und Durchlässigkeit des Krisenbegriffs, die sich insbesondere in der Gegenwart feststellen lässt, zwar sehr wohl auf eine semantische Vagheit verweist,[4] vor allem aber von dessen *höchster Wirksamkeit als Dispositiv* zeugt. Eine solche semantische Vagheit rührt nämlich gerade daher, »Krise« als einen »Begriff« zu behandeln, während das Verständnis von Krise als »Dispositiv« ein anderes Analysekriterium erfordert. Um die Eigenheiten einer Verfassung der Krise zu bestimmen, die heutzutage derart stark und weitverbreitet wahrgenommenen wird und zugleich so verschwommenen ist, dass genau dies ein Motiv ihrer Wirksamkeit darstellen kann, müsste die Krise auf eine andere Weise befragt werden als ein Begriff: »Was ist und was bedeutet Krise?«. In *dieser* Krise stößt man nämlich nicht auf jene Komponenten, die – folgt man Gilles Deleuze und Félix Guattari – in die Bestimmung eines Begriffs hineinwirken. Es bietet sich geradezu an, hier auf Deleuze und Guattari Bezug zu nehmen, insofern ihre Konzeption des Begriffs eher daraufhin angelegt ist, sich mit derjenigen des Dispositivs zu verflechten, gerade deshalb aber auch

4 »Der Ausdruck [Krise] hat sich also nie zu einem klaren Begriff so weit kristallisiert, dass er trotz – oder wegen – seiner Vieldeutigkeiten als Grundbegriff der sozialen, ökonomischen oder politischen Sprache aufgefasst worden wäre.« Ebd., S. 624.

etwaige Unterschiede deutlich zutage treten lässt. Obgleich der Begriff – wie das Dispositiv – ein Kompositum mitunter auch heterogener Elemente ist, bestimmt er sich gerade dadurch, »Koinzidenz-, Kondensations- oder Akkumulationspunkt seiner eigenen Komponenten« zu sein.[5] Daraus folgt, dass der Begriff »sich selbst in sich selbst setzt, Selbst-Setzung ist«, »ausschließlich auf andere Begriffe verweist«, »keine Referenz besitzt, selbstreferentiell ist«, »ein Unkörperliches ist«.[6] Anders gesagt: Die angenommene oder – um weiterhin mit Deleuze und Guattari zu sprechen – »erzeugte« Bedeutung von Krise fügt ihre eigenen Elemente in sich zusammen. Im Fall dieser gegenwärtigen Krise müsste man demnach vielmehr ein Vermögen betrachten, »Anschlüsse und Ambivalenzen« zwischen Elementen zu erzeugen, denen keine Bedeutung entspricht, die ihre Anordnung, ihre Disposition begründen könnte. Diese Krise disponiert und ordnet an, ohne sich selbst in sich selbst zu setzen, d. h. ohne die eigene Bedeutung zu setzen. Sie bezieht sich von Mal zu Mal auf heterogene Bedingungen, die sie hervorgebracht haben, ohne dass die von ihr angeordneten Elemente dabei ausschließlich begrifflicher Natur wären. Schließlich wirkt diese Krise direkt auf die Leben ein, bis in ihre unmittelbarste Körperlichkeit hinein.

Die Leitfrage, mit der man sich dieser gegenwärtigen Krise zu nähern hat, müsste folglich die einem Dispositiv

---

5 Gilles Deleuze/Félix Guattari, *Was ist Philosophie?*, Frankfurt/Main 1996, S. 26.

6 Vgl. ebd., S. 21-32.

entsprechende sein: »Wie funktioniert die Krise, welche Funktion nimmt sie ein?« Um zu bestimmen, was ein Dispositiv ist, übernehme ich die Erklärung desjenigen, der dieses Konzept zuerst in den philosophischen Wortschatz eingeführt und es für das Verständnis unterschiedlichster zeitgenössischer Phänomene unabdingbar gemacht hat, die Definition Foucaults:

> Das, was ich mit diesem Begriff zu bestimmen versuche, ist erstens eine entschieden heterogene Gesamtheit, bestehend aus Diskursen, Institutionen, architektonischen Einrichtungen, reglementierenden Entscheidungen, Gesetzen, administrativen Maßnahmen, wissenschaftlichen Aussagen, philosophischen, moralischen und philanthropischen Lehrsätzen, kurz, Gesagtes ebenso wie Ungesagtes, das sind die Elemente des Dispositivs. Das Dispositiv selbst ist das Netz, das man zwischen diesen Elementen herstellen kann. Zweitens ist das, was ich im Dispositiv festhalten möchte, gerade die Natur der Verbindung, die zwischen diesen heterogenen Elementen bestehen kann. So kann irgendein Diskurs mal als Programm einer Institution, mal im Gegenteil als ein Element erscheinen, das es erlaubt, eine Praktik zu rechtfertigen oder zu verschleiern, die selbst stumm bleibt, oder er kann als Sekundärinterpretation dieser Praktik funktionieren und ihr Zugang zu einem neuen Rationalitätsfeld verschaffen. Kurz, zwischen diesen diskursiven oder nichtdiskursiven Elementen gibt es gleichsam ein Spiel, gibt

> es Positionswechsel und Veränderungen in den Funktionen, die ebenfalls sehr unterschiedlich sein können.[7]

Das Vermögen des Terminus »Krise«, »Anschlüsse« zu erzeugen und ein »Netz« zwischen heterogenen Elementen herzustellen, findet daher nicht im Begriff, sondern in der Form des Dispositivs seine bezeichnende Bestimmung.

Folgt man Foucault weiter, bringt eine solche Konfiguration der Krise als Dispositiv es ferner mit sich, dass die sich etablierende Beziehung »eine höchst strategische Funktion« besitzt. Sie setzt also ein »Kräfteverhältnis« ein, eine »Machtbeziehung«:

> Drittens verstehe ich unter Dispositiv eine Art – sagen wir – Gebilde, das zu einem historisch gegebenen Zeitpunkt vor allem die Funktion hat, einer dringenden Anforderung nachzukommen. Das Dispositiv hat also eine dominante strategische Funktion. [...] Ich habe gesagt, dass das Dispositiv von einer wesentlich strategischen Beschaffenheit wäre, was unterstellt, dass es sich dabei um eine bestimmte Manipulation von Kräfteverhältnissen handelt, um einen rationalen und abgestimmten Eingriff in diese Kräfteverhältnisse, um sie in irgendeine Richtung zu entwickeln, um sie zu blockieren oder um sie zu stabilisieren, sie zu verwenden.[8]

---

7 Foucault, »Das Spiel des Michel Foucault«, a.a.O., S. 392f.

8 Ebd., S. 393f.

Die »Machtordnung«, die von Dispositiven Gebrauch macht, bildet sich demnach heraus, um auf eine konkrete »Anforderung« zu antworten. Mehr noch: Wie wir sehen werden, kommt das Dispositiv sowohl als explizites »Programm einer Institution« als auch als innere Funktion der »Rechtfertigung« und »Verschleierung« zum Einsatz, um eine solche dringliche »Anforderung« zu regieren. Schließlich führt das »Machtspiel«, in welches das Dispositiv eingeschrieben ist, zugleich auch zu einer *Beschränkung* des Vermögens, es vollständig in Form von Wissen oder besser: in einer bestimmten Wissensform zu erfassen:

> Das Dispositiv ist also immer in ein Machtspiel eingeschrieben, doch immer auch an eine oder mehrere Wissensgrenzen gebunden, die daraus hervorgehen, es aber genauso auch bedingen. Das eben ist das Dispositiv: Strategien von Kräfteverhältnissen, die Arten von Wissen unterstützen und von diesen unterstützt werden.[9]

---

9 Ebd., S. 395. Im weiteren Verlauf des Textes (eigentlich ein Gespräch) zieht Foucault als für seinen Diskurs beispielhaft das »medizinisch-rechtliche Dispositiv« heran, das er auf dessen Einsatz in der Psychiatrie bezieht, die damit auf die Lebens- und Verhaltensweisen anormaler Subjekte einwirkt. Wir werden im Folgenden sehen, dass diese Beispielhaftigkeit im hier analysierten Dispositiv der Krise eine wesentliche Bedeutung annimmt und eine noch weitaus breitere und deutlicher gegliederte Anwendung erfährt. Vgl. ebd., S. 403ff.

Alle diese Eigenschaften des Terminus »Dispositiv« werden wir im Laufe der folgenden Ausführungen wiederfinden und weiter vertiefen. Aber schon aus diesen ersten Hinweisen auf seine Funktionen dürfte deutlich werden, dass die Krise, die wir gerade durchleben, exemplarisch dessen Merkmale aufweist. In seiner Analyse der foucaultschen Konzeption des Dispositivs nennt Deleuze jene Anforderung, auf die das Dispositiv antworten soll, denn auch ausdrücklich »Krise«: »Doch was ist ein Dispositiv? Es ist zunächst ein Durcheinander, ein multilineares Ensemble. Es ist zusammengesetzt aus Linien verschiedener Natur. [...] Es bedarf stets einer Krise, damit Foucault eine neue Dimension, eine neue Linie entdeckt.«[10] Die Krise als Dispositiv ist zunächst eine bestimmte Disposition eines Durcheinanders von Linien – von verschiedener Natur und nicht ausschließlich begrifflicher Art –, die sich in einer bestimmten historischen Konstellation oder – folgen wir Deleuze – einer gewissen »Aktualität« miteinander verflechten: »In jedem Dispositiv muss man unterscheiden zwischen dem, was wir sind (was wir schon nicht mehr sind), und dem, was wir im Begriff sind zu werden: *der Anteil der Geschichte und der Anteil des Aktuellen*. [...] Die von Foucault beschriebenen Disziplinen sind die Geschichte dessen, was wir so allmählich immer weniger sind, und unsere Aktualität zeichnet sich in den von den noch bestehenden

10 Gilles Deleuze, »Was ist ein Dispositiv?«, in: François Ewald und Bernhard Waldenfels (Hg.), *Spiele der Wahrheit. Michel Foucaults Denken*, Frankfurt/Main S. 153-162, hier S. 153.

geschlossenen Disziplinen sehr verschiedenen Dispositionen einer offenen und kontinuierlichen *Kontrolle* ab.«[11] Eine solche »Disposition einer offenen und kontinuierlichen Kontrolle«, die sich in der Aktualität der Krise zeigt, kann nach Deleuze auch Fluchtlinien hinsichtlich der Disziplinargesellschaften der Moderne eröffnen und die Möglichkeit des Neuen hervorbringen; d. h. sie kann die Subjektivierungsprozesse »reversibel« werden lassen, die von der »gouvernementalen« Funktion des Dispositivs der Krise erzeugt werden.[12]

Bei Foucault wirken die im Laufe des zitierten Gesprächs modellhaft aufgerufenen medizinisch-rechtlichen Dispositive einer offenen und kontinuierlichen Kontrolle auch und vor allem, um jenes Durcheinander von Linien, aus denen sich das Dispositiv zusammensetzt, abhängig von der Regierung zu ordnen. In diese Richtung bewegt sich die Lesart, die Giorgio Agamben ausgehend von Foucault vom Terminus des Dispositivs liefert: »Ich möchte also die schon sehr umfangreiche Klasse der foucault-

---

11 Ebd., S. 160.

12 Sandro Chignola hebt in seinem Vergleich von Foucault, Deleuze und Agamben genau diesen »stets bilateralen und reversiblen« Aspekt des Dispositivs hervor. Vgl. ders., »Sul dispositivo. Foucault, Agamben, Deleuze«, in: ders., *Da dentro. Biopolitica, bioeconomia, Italian Theory*, Rom 2018, S. 173-190. Für eine andere Genealogie des foucaultschen Dispositivs, die auf Canguilhem zurückgeht und ebenfalls kritisch gegenüber der Interpretation Agambens verfährt, vgl. Matteo Pasquinelli, »Was ein Dispositiv *nicht* ist: Archäologie der Norm bei Canguilhem, Foucault und Goldstein«, in: Lorenz Aggermann et al. (Hg.), *Theater als Dispositiv*, Frankfurt/Main 2017, S. 123-140.

schen Dispositive noch weiter verallgemeinern: Als Dispositiv bezeichne ich alles, was irgendwie dazu imstande ist, die Gesten, das Betragen, die Meinungen und die Reden der Lebewesen zu ergreifen, zu lenken, zu bestimmen, zu hemmen, zu formen, zu kontrollieren und zu sichern.«[13]

In genau diesem Sinne wirkt *diese unsere* Krise als Dispositiv, und sie kann heute gerade deshalb die Funktion ausüben, die sie zur *Regierungskunst* schlechthin macht, indem sie im Wesentlichen eine bestimmte Machtbeziehung einsetzt. Aufgrund dessen wird es ausgehend von der Analyse, wie *diese* Krise funktioniert, wie sie die heterogenen Elemente anordnet, um ihren Diskurs zu entfalten, möglich, die heutzutage dominante Form der Macht zu bestimmen und den von ihr ausgelösten Subjektivierungsprozess nachzuzeichnen. Die Machtordnung, deren Ausdruck sie ist – diejenige der Moderne –, hat dem »Begriff« der Krise die Bedeutung einer »auflösenden Letztentscheidung« beigelegt. Um auf den rechtlichen Sinn des Terminus Dispositiv zurückzugreifen, den Agamben hervorhebt, ist die Krise hingegen »der Teil eines Urteils, der den Entscheid, den Rechtspruch getrennt von den Motiven enthält. Also der Teil des Urteils (oder eines Gesetzes), der entscheidet und disponiert, das heißt anordnet.«[14] Anders ausgedrückt: Als rechtliches Dispositiv

---

13 Giorgio Agamben, *Was ist ein Dispositiv?*, Zürich/Berlin 2008, S. 26.

14 Ebd., S. 16.

besteht die Krise im Urteil als Disposition und nicht in der Entscheidung als Auflösung der Krise.

Man hat sich daher die Frage zu stellen, wie die Machtordnung beschaffen ist, innerhalb derer sich die Krise als Dispositiv ausbildet. Die Unlösbarkeit der aktuellen Krise kann nur dann als Anzeichen fehlender Wirksamkeit gedeutet werden, wenn sie auf die moderne Ordnung der Macht zurückgeführt wird, während sie jedoch alles andere als unwirksam erscheint, wenn man sie auf eine andere Machtordnung bezieht: auf diejenige des neoliberalen Kapitalismus. Schon Marx definierte das Kapital als eine Beziehung, als eine »soziale Beziehung«, weshalb folglich bereits das Kapital *tout court* seinem Wesen nach durch »Dispositive« wirkt. Damit der Neoliberalismus eine Diskontinuität zur Moderne setzen kann, muss er also eine weitere und andere Bestimmung annehmen: die spezifisch biopolitische. Der Neoliberalismus setzt innerhalb der zeitgenössischen Gesellschaft und in den kapitalistischen Produktionsweisen eine biopolitische Ordnung ein: jene Ordnung, in der – wie zu sehen sein wird – die in dieser erzeugten Alternativen weder zu auflösenden noch zu endgültigen Entscheidungen führen, sondern zu solchen, die funktional auf die Regierung der innerhalb dieser Ordnung ihre Form annehmenden Leben bezogen sind. Die gegenwärtige Krise formt sich demnach einem biopolitischen Paradigma gehorchend aus, und die Prekarität, die heute die sogenannten »Humanressourcen« bestimmt und charakterisiert, bildet die daraus hervorgehende spezifische Lebensform. Diese Ausgangsannahmen finden ihre Bestätigung und genauere Ausformulierung im Rahmen einer Genealogie, die die Funktion der »Regierungskunst« der Krise hervortreten lässt, also gerade jene Funktion, die diese heute zu einem der wirksamsten und effizientesten biopolitischen Dispositive macht.

2. Krísis: Das forensische Urteil

2.1. Das Gericht

Wenn die aktuelle Krise gegenüber den Kriterien, die ihr Paradigma in der Moderne bestimmt haben, auch verschwommen und flüchtig erscheinen mag, so bedeutet das keineswegs, dass sie dadurch auch schon vollkommen neue Züge annimmt. Im Gegenteil: Die Krise weist heute mehr denn je eine Gestalt auf, die sehr alte Wurzeln hat und die sie ihrer ursprünglichen Ausgestaltung weitaus ähnlicher werden lässt als noch in der Zeit der Moderne. Es ist demnach geboten, auf das semantische Spektrum des Terminus »Krise« und auf die Komplexität zurückzugehen, die uns ihre griechische Etymologie eröffnet. Im Altgriechischen bedeutet *krísis*: »unterscheidende Kraft, Trennung, Spaltung«, aber auch: »Entscheidung, Entschluss, Urteil, Wahl, Auslese«. Aus diesem semantischen Geflecht lässt sich die Konfiguration des Dispositivs der Krise ableiten, dessen Sinn nicht darin liegt, dieser oder jener Bedeutung den Vorzug zu geben, sondern der in der Art und Weise zu suchen ist, wie sich diese Bedeutungen anordnen, in der Ordnung, die sie gemeinsam ausbilden. In der Krise kommt deren Dispositiv nämlich zum Einsatz, um ihre Elemente »zu trennen und aufzuspalten«, sodass eine solche »Unterscheidung« zugleich eine Alternative setzen kann. Die »Wahl«, zu der diese gesetzte Alternative veranlasst, bildet ein integrales und konstituierendes Element der

Krise selbst und stellt nicht etwa eine »Entscheidung« dar, die von Außen eingriffe, um die Krise aufzulösen und aus ihrem Zustand herauszuführen. Deswegen ist die Krise eine Modalität des Urteils, die eben keine »auflösende Letztentscheidung« vorsieht, da sich die Entscheidung vielmehr innerhalb der Krise selbst entwickelt, die folglich als solche keinen Gegenstand des Urteils bilden kann. Die Krise ist mithin nicht dasjenige, über das geurteilt wird, sondern die Art und Weise des Urteilens. Gerade diese Konnotation des »Urteils« wird von der »Disposition« des semantischen Spektrums von Krise nahegelegt, wie man es in den unterschiedlichen Bereichen und Kontexten verfolgen kann, in denen das Dispositiv wirkt und angewendet wird.

Im antiken Griechenland entfällt der häufigste Gebrauch des Begriffs *krísis* auf den medizinischen und den politischen Bereich. Gehen wir also zunächst von seiner Anwendung im politischen oder genauer gesagt: im rechtlich-politischen Feld aus. Der Autor, auf den für gewöhnlich Bezug genommen wird – wobei auch Koselleck keine Ausnahme darstellt –, um den rechtlich-politischen Gebrauch von *krísis* nachzuzeichnen, ist Aristoteles. Dabei stehen insbesondere einige Abschnitte seiner *Politik* wie der folgende im Vordergrund: »Denn das Recht bedeutet die Ordnung (*táxis*) der bürgerlichen Gemeinschaft; das Recht aber scheint Entscheidung (*krísis*) über das Gerechte.«[15] Wir befinden uns noch auf den ersten Seiten

15 Aristoteles, *Politik. Schriften zur Staatstheorie*, Stuttgart 1989, S. 79 (1253a, 35).

der *Politik*, innerhalb derer Aristoteles wenige Zeilen zuvor die berühmte Bestimmung des Menschen gibt, der naturgemäß in Gemeinschaft lebt und »von Natur aus ein staatsbezogenes Lebewesen ist«[16]. Daraus folgt, dass die *pólis* als Gemeinschaft schlechthin »von Natur aus existiert« und eine vollkommen natürliche Institution ist: »Deswegen existiert der Staat von Natur aus, wenn das ebenso die ersten Gemeinschaften tun. Denn der Staat ist das Ziel jener Gemeinschaften, die Natur jedoch bedeutet Ziel.«[17] Die *krísis* erhält demnach innerhalb einer »von Natur aus« existierenden Ordnung ihre besondere Funktion; sie legt diese Ordnung nicht zuallererst fest, sondern stellt ein Element dar, das zu ihrer Regulierung und Verwaltung beiträgt. Die *krísis* entscheidet nicht über das Recht als solches, sondern über dessen Anwendung; sie interveniert, um »das Gerechte« zu beurteilen, das für Aristoteles den einzelnen Bürger der *pólis* betrifft. Die Krise bildet damit das Prinzip der Gerechtigkeit, das von Fall zu Fall anzuwenden ist: Damit trägt es zur »Ordnung der bürgerlichen Gemeinschaft« bei, die sich auf die Beziehung zwischen den einzelnen Bürgern erstreckt. Die Existenz einer politischen Gemeinschaft basiert jedoch auf der spezifischen Veranlagung der menschlichen Natur.

Die Entscheidung der *krísis* ist demzufolge an den Erhalt der konstituierten politischen Ordnung gebunden, in

---

16 Ebd., S. 78 (1253a, 3).

17 Ebd., S. 77f. (1252b, 31-33).

der man Gleichgewicht, Harmonie, Maß – und damit *Gerechtigkeit* vermutet. Dieser Aufgabe kommt die *krísis* im gerichtlichen Bereich nach, ihre Entscheidung ist letztlich eine »richterliche«, insofern sie eine Norm zur Anwendung bringt und von Fall zu Fall beurteilt. Wer aber ist damit beauftragt, das Recht anzuwenden, wem ist die *krísis* innerhalb der *pólis* übertragen? Aristoteles lässt daran keinerlei Zweifel: Die *krísis* und das *krínein* unterstehen der Regierungskunst und gehören damit zu den Aufgaben der Regierenden und Herrschenden. In der *Politik* bildet das »Urteil« (*krísis*) das Vorrecht derjenigen, die den Staat regieren, und im Besonderen derjenigen, die die Ordnung zu erhalten und zu regeln haben: »Die Tätigkeiten des Staates aber sind teilweise die der Herrschenden, teilweise die der Beherrschten. Die Aufgabe des Herrschenden jedoch ist die Anordnung der Verwaltung (*epítaxis*) und das Richterurteil (*krísis*).«[18] Das Urteil der *krísis* fällt damit in den Bereich der Verwaltung der *pólis* und entspricht nicht dem »politischen« Urteil, aus dem die Unterscheidung zwischen Herrschenden und Beherrschten hervorgeht, zwischen denen, welche die *archḗ* ausüben, und denen, die sie erleiden. Die »Regierungskunst«, der dieses Urteil untersteht, ist daher nicht diejenige der *archḗ* –

---

18 Ebd., S. 332 (1326b, 12-14). Um den Unterschied zwischen *archḗ* und *epitaxis* deutlich hervorzuheben, ziehe ich es vor, letzteren Begriff mit »Anordnung der Verwaltung« zu übersetzen, was im Übrigen die englische Übersetzung »to direct the administration« aufnimmt. Vgl. Aristotle, *Politics*, Cambridge 2005, S. 557ff.

»Prinzip«, »Ursprung« und im politischen Sinne »der Vorangehende, der Führer« –, die den der *pólis* Vorangehenden bezeichnet, der ihrer Regierung folglich eine im eigentlichen Sinne politische »Leitung und Richtung« vorgibt. Es fällt vielmehr in diejenige der *epítaxis* – »Disposition«, »Organisation«, »Anordnung« –, d. h. in eine zur Erhaltung der Ordnung funktionale Regierungskunst, die sich darauf erstreckt, *wie* regiert werden soll und nicht ursprünglich »auszeichnet«, *wer* regiert. Daher stellt die Krise zwar eine Modalität des *Urteils* dar, das jedoch nicht im Sinne der »politischen Entscheidung« verstanden werden darf, sondern in dem der Verbürgung, der Bestätigung, der Legitimierung und der Erhaltung einer bestimmten Ordnung oder eines Zustandes, die bereits politisch angeordnet und verfasst sind. Wie bereits für den Platon der *Gesetze* ist auch für Aristoteles das von der *krísis* induzierte »Urteil« das forensische, und unter den Regierenden kommt die Aufgabe, es zu fällen, den Richtern der *pólis* zu:

> Was also der Staatsbürger ist, wird daraus offenbar: Wem nämlich die Erlaubnis gegeben ist, teilzunehmen an einem beratenden oder einem rechtssprechenden *(kritikēs)* Amt, den nennen wir bereits Bürger dieses Staates, Staat aber die Menge solcher Bürger, die hinreicht zur Selbstgenügsamkeit des Lebens, um es einfach auszudrücken.[19]

[19] Ebd., S. 156f. (1275b, 17-21).

Die *krísis* wird nicht deswegen gefällt, um eine Ordnung einzusetzen, sondern um dieser Respekt und Achtung zu verschaffen. Sie setzt demnach voraus, dass die Ordnung bereits gegeben sei. Die aristotelische Bedeutung von *krísis* – auf die man in der Ideengeschichte für gewöhnlich zurückgeht – entspricht der bereits vollzogenen Übernahme ihrer Bedeutung in den Bereich der Verwaltung des Gerichtswesens, doch die »technische« Definition der *krísis* als »Rechtsentscheid« birgt Implikationen von weitaus größerer Reichweite. Den Prototyp des Urteils der *krísis* liefert dabei sogar schon Parmenides. Der *krísis* kommt in einem der Sätze, die die Grundlage des gesamten abendländischen Denkens bilden, eine fundamentale Funktion zu: »Aus diesem Grunde hat weder zum Werden noch zum Vergehen die Rechtmäßigkeit (*díkē*) es [das Seiende] in seinen Fesseln lockernd losgelassen, sondern hält es fest. Die Entscheidung (*krísis*) darüber beruht aber hierin: Entweder ist es oder nicht! Aber es ist nun entschieden (*kekritai*), wie es Notwendigkeit (*anánkē*) ist: dass man den einen Weg liegen lasse als undenkbar, unnennbar, denn es ist nicht der wahre Weg; dass der andre dagegen, wonach es *ist*, eben der richtige sei.«[20] Die Bezugnahme auf dieses berühmte Parmenides-Fragment bedeutet nun keineswegs einen Rückschritt von der bis hierhin skizzierten rechtlichen auf eine ontologische Ebene, auf der eine lange und vorherrschende philosophische Tradition den

20 Parmenides, *Vom Wesen des Seienden*, Frankfurt/Main 1969, S. 21 (Fr. 8).

parmenideischen Diskurs zumeist verorten wollte. Im Gegenteil, in der griechischen Welt überlagern und durchdringen sich die beiden Ebenen vollständig. Es ist daran zu erinnern, dass die Analogie zwischen der rechtlichen und der »natürlichen« Dimension eine Charakteristik des vorsokratischen Denkens darstellt. Das wird nicht nur hinsichtlich der Rechtmäßigkeit und Gerechtigkeit (*díkē*) deutlich, sondern auch die Idee des *kosmos* erkennt der Natur eine Ordnung rechtlichen Ursprungs zu:

> Aber schon früher findet sich eine sehr charakteristische Spiegelung der Rechtsidee in der Naturphilosophie des Anaximandros von Milet um die Mitte des 6. Jahrhunderts. Er überträgt die Vorstellung der Dike aus dem sozialen Leben der Polis in die Natur und erklärt den ursächlichen Zusammenhang des Werdens und Vergehens der Dinge als einen Rechtsstreit, in dem sie einander Buße und Schadenersatz zahlen müssen für ihre Ungerechtigkeit nach dem Richtspruch der Zeit. Hier ist der Ursprung der philosophischen Idee des Kosmos, auch dieses Wort bezeichnet ja ursprünglich die rechtliche Ordnung des Staates und jeder Gemeinschaft.[21]

Um der Notwendigkeit zu entsprechen, muss die Gerechtigkeit die Züge eines »Rechtsstreits« annehmen, und zwar sowohl innerhalb der *pólis* als auch innerhalb des Kos-

---

21 Werner Jaeger, *Paideia. Die Formung des griechischen Menschen*, Berlin/New York 1973, S. 154.

mos. Bleiben wir aber zuvor noch einen Moment bei der *krísis* und ihrer Bestimmung.

Ein Element sticht dabei vor allen anderen heraus: Die Entscheidung der *krísis* ist von der Notwendigkeit bedingt. Die Rechtmäßigkeit entspricht exakt der Notwendigkeit: *Díkē* ist *Anánkē*. In seiner Entscheidung zwischen zwei völlig alternativen Wegen – von denen nur einer wahr ist, während der andere »nicht ist«, ein undenkbarer »Nicht-Weg« ist – ist das Urteil der *krísis* von der Rechtmäßigkeit vorherbestimmt, d. h. wird von ihr »notwendig erfordert«: Diejenige der *krísis* ist demnach zwar eine Entscheidung, aber eine verpflichtende, eine *obligatorische Entscheidung*. Diesem Ansatz begegnet Platon mit äußerster Radikalität, die durchaus als einer der Bestandteile jenes wohlbekannten philosophischen (und politischen) »Vatermordes« gelten kann, wie er gegen Parmenides verübt worden ist. Platon trennt die Gerechtigkeit von ihrer »rechtlichen« – und daher »notwendig erfordernden« – Konnotation und macht sie im Gegenteil zu einem zuallererst »politischen« Problem.

Im platonischen *Staat* erhält das Urteil der *krísis* seine eigentümliche Bestimmung, wie sie das entsprechende Paradigma von Aristoteles an charakterisieren wird. Die Art und Weise, wie die *krísis* in den Argumentationsgang der *Politeia* eingeführt wird, bedeutet eine augenfällige Begrenzung ihrer politischen Funktion, die Aristoteles in den betrachteten Abschnitten der *Politik* bereits voraussetzt, wenn er sich auf die Bestimmung ihres »Gebrauchs« und ihrer »Anwendung« innerhalb der Ordnung der *pólis* beschränkt. Im *Staat* definiert die *krísis* schließlich nicht mehr die Entscheidung, welche die Gerechtigkeit einsetzt oder zum Ausdruck bringt, die jetzt als von eigentlich »politischer« Natur erscheint, und nimmt daher jenen ausschließlich »rechtlichen« Sinn an, der dann von Platon auf Aristoteles übergehen wird. Auf diesen »rechtlichen« Sinn muss jener notwendig erfordernde Charakter der *krísis* also zurückgeführt werden, den man bis zu Parmenides zurückverfolgen kann: Die *krísis* fällt ein Urteil, das unmissverständlich zu verpflichtenden Entscheidungen führt. Verfolgen wir die Entfaltung der platonischen Argumentation aber Schritt für Schritt.

Die *krísis* taucht in dem Moment im platonischen Dialog auf, da sich die Gesprächspartner nicht zufällig fragen, was die Gerechtigkeit sei; ob es ein Gut darstelle, gerecht zu sein, und welches Kriterium angegeben werden könne, um den gerechten vom ungerechten Menschen zu unterscheiden. Der Gesprächspartner von Sokrates, Glaukon, argumentiert dabei wie folgt:

> Das Urteil (*krísin*) aber über die Lebensweise der beiden, von denen wir reden, werden wir imstande sein richtig zu fällen (*krínai*), wenn wir den Gerechtesten und den Ungerechtesten recht gegeneinanderstellen; wenn aber nicht, dann nicht. Wie macht sich nun diese Gegeneinanderstellung? So: wir wollen nicht das Geringste abnehmen, weder dem Ungerechten von der Ungerechtigkeit

noch dem Gerechten von der Gerechtigkeit, sondern sie jeden in seinem Bestreben vollendet setzen.[22]

Das Urteil der *krísis* bringt also eine »Gegeneinanderstellung« mit sich – in diesem Fall zwischen der Lebensweise des Gerechten und der des Ungerechten –, die, um ein richtiges Urteil hervorzubringen, d. h. damit die Entscheidung rechtens im Sinne der »Rechtmäßigkeit« ausfällt, als »vollendet« vorauszusetzen ist: Sie muss eine Alternative darstellen.

Es genügen jedoch wenige Zeilen, damit sich die Einsicht durchsetzen kann, dass ein solches »Kriterium« kein »auflösendes« ist, da es nicht zur Bestimmung dessen führt, was die Gerechtigkeit ist. Ja, es veranlasst vielmehr sogar dazu zu glauben, dass es überhaupt kein »Gut« sei, gerecht zu sein, und dass als Ungerechter zu leben einem glücklichen Leben womöglich viel zuträglicher sein könnte. Sokrates antwortet seinem Gesprächspartner darauf auf ironische Weise und gibt damit zu verstehen, dass das Kriterium der *krísis* nicht angemessen sei, um zu erkennen, was die Gerechtigkeit ist, und ebenso wenig zu ihrer Befolgung führe: »Weh! sprach ich, lieber Glaukon, wie gründlich säuberst du uns wie Statuen zur Ausstellung jeden der beiden Männer, um sie dem Urteil (*krísis*) zu unterziehen.«[23] Der Dialog wendet sich damit von der Methode

---

22 Platon: »Der Staat«, in: ders., *Werke in acht Bänden*, Bd. IV, Darmstadt 1971, S. 105 (II, 360e).

23 Ebd., S. 107 (II, 361d) [Übers. geändert].

der *krísis* ab, insofern das Wesen der Gerechtigkeit mit ihr nicht zu ermitteln ist, um sich stattdessen der Gründung einer *pólis* zuzuwenden, die in der Gerechtigkeit ihr Prinzip, ihre *archḗ* findet. Die *krísis* entscheidet nicht über das Prinzip der Gerechtigkeit, sondern muss es bereits voraussetzen, um in der Lage zu sein, in den Streitsachen »zwischen Individuen« richtig zu urteilen und – wie bei Aristoteles – die Gerechtigkeit Fall für Fall zur Anwendung zu bringen. Deshalb auch kann die Frage danach, was die Gerechtigkeit sei, nicht aus dem Urteil heraus entschieden werden, wer gerecht und wer ungerecht ist, d. h. ausgehend vom isolierten Individuum. Es gilt hingegen gerade das umgekehrte Kriterium: »Vielleicht also ist wohl mehr Gerechtigkeit in dem Größeren und leichter zu erkennen. Wenn ihr also wollt, so untersuchen wir zuerst an den Staaten, was sie wohl ist, und dann wollen wir sie so auch an den Einzelnen betrachten, indem wir an der Gestalt des Kleineren die Ähnlichkeit mit dem Größeren aufsuchen.«[24]

Für den platonischen Sokrates kann die *krísis* demnach den Gerechten vom Ungerechten nur innerhalb einer *bereits auf die Gerechtigkeit gegründeten pólis* unterscheiden. Allein der nach dem Prinzip der Gerechtigkeit gegründete Staat ist zu einem »guten Urteil« fähig, da das Urteil auf diese Weise auf Wissenschaft und Erkenntnis (*epistḗmē*) sowie auf Weisheit *(sophíā)* beruht. Ein solches Urteil ist jedoch nicht mehr das der *krísis*, sondern das der

---

24 Ebd., S. 127 (II, 369a).

euboulia, das den Willen der Versammlung (*boulḗ*) der Bürger zum Ausdruck bringt, deren Entscheidung gerecht ist, *da sie gemeinschaftlich im Rahmen einer Debatte getroffen wird*. Es ist die im Rahmen einer Versammlung gemeinschaftlich getroffene Entscheidung, die die Menschen nicht als »Statuen« mit einbezieht, sondern als lebende Wesen. Die *boúlēsis* ist daher die besondere Modalität des Urteils der Lebensform schlechthin, derjenigen des politischen Lebens. Als die eigentlich politische Entscheidung ist die *boúlēsis* nicht auf das Urteil der *krísis* reduzierbar: Sie ist Entscheidung ohne Urteil.

Als dem politischen Leben eigentümliche wird die »gute, wohlberatene Entscheidung« nicht von ihrem Inhalt bedingt – was ist die Gerechtigkeit, was unterscheidet den Gerechten vom Ungerechten? –, sondern davon, *wie* diese Entscheidung reift und getroffen wird: »Und ebendieses ist doch offenbar eine Erkenntnis. Denn nicht durch Unwissenheit, sondern durch Erkenntnis ist man wohlberaten.«[25] Die Gerechtigkeit entspricht daher dem gut regierten Staat. Nur wenn sie in einer gut regierten *pólis* leben, können die einzelnen Bürger als gerecht oder ungerecht beurteilt werden, und nur in einer so ausgestalteten *pólis* findet die *krísis* den ihr zukommenden Ort, um rechtmäßig das eigene Urteil zu verkünden: Jenes »Gericht« nämlich, in dem Aristoteles die *krísis* ohne weitere Erklärungen bezüglich des Wesens ihres Urteils verortet.

---

25 Ebd., S. 305 (IV, 428b).

Zusammengefasst: Nicht das Gericht bringt die Gerechtigkeit hervor, sondern die Gerechtigkeit das Gericht. Es ist die Gerechtigkeit, die dem Urteil der *krísis*, der rechtlichen Entscheidung des Gerichts, ihr Maß – die »Rechtmäßigkeit« – vorgibt. Die *krísis* bringt die Gerechtigkeit nicht hervor, sondern setzt sie voraus.

Im *Staatsmann* beschränkt Platon das Urteil der *krísis* nicht weniger eindeutig auf die »Richter, welche gehörig richten«, ohne daraus also ein Vorrecht der Staatsmänner zu machen. Im Gegenteil, damit ihr Urteil richtig ausfallen kann, muss es sich auf die »Anordnungen« des gesetzgebenden Königs und auf die Verwaltung seiner Macht beschränken und kann sich nicht auch auf deren Einsetzung und Konstitution erstrecken, die Vorrecht des *basileús*, des Souveräns, bleiben müssen. Trotz der inzwischen eingetretenen Ernüchterung über die Zukunft der demokratischen *pólis* und dem bereits im *Staat* Dargelegten entsprechend, betrifft die *krísis* ausschließlich das Urteil über »Verträge« zwischen Individuen und fällt nicht in die politische »Staatskunst«, die demjenigen zukommt, der die *pólis* befehligt und anführt, und die im Besonderen darin besteht, »durch Übereinstimmung und Freundschaft beider Leben zu einem gemeinschaftlichen [zu] vereinigen«[26]. Wie bei

26 Platon, »Der Staatsmann«, in: ders., *Werke in acht Bänden*, Bd. VI, a.a.O., S. 579 (311c1). Auf diese und andere Abschnitte von Platons *Staatsmann* nimmt Foucault Bezug, um zu zeigen, dass die politische Macht in der griechischen Welt – mit der wenngleich bedeutsamen Ausnahme des pythagoreischen Schrifttums – nicht die Form des Pastorats als »individualisierende Macht« annimmt: »Denn Pla-

Aristoteles steht die *krísis* voll und ganz im Dienste der »Regierenden«:

> Fremder: Vermag sie [die Wirksamkeit der gehörig richtenden Richter] nun wohl etwas mehr, als dass sie in Bezug auf allerlei Verkehr alles Gesetzliche, was von dem gesetzgebenden Könige festgestellt ist, zusammenfassend ihr Urteil fällt (*krínein*) mit Hinsicht darauf, was als Recht festgestellt ist und was als Unrecht, ihre eigentümliche Tugend darin beweisend, dass sie niemals durch Geschenke oder Furcht oder Mitleid oder irgend andere Feindschaft oder Freundschaft bewogen, irgend gegen des Gesetzgebers Anordnung (*táxis*) die gegenseitigen Beschuldigungen schlichten will?
>
> Sokrates der Jüngere: Nichts anderes; sondern wie du es erklärt hast, so weit geht eigentlich das Gebiet ihrer Wirksamkeit.
>
> Fremder: Also auch von der Stärke der Richter finden wir, dass sie nicht die königliche ist, sondern eine Wächterin der Gesetze und eine Dienerin (*hypēretin*) von jener.[27]

---

ton erkannte zweifellos dem Arzt, dem Landwirt, dem Turnlehrer und dem Pädagogen die Eigenschaft des Hirten zu. Dagegen lehnt er es ab, dass sie sich mit politischen Aktivitäten abgeben. [...] Die Männer, die die politische Macht innehaben, [sind] keine Hirten. Ihre Aufgabe besteht nicht darin, das Leben einer Gruppe von Individuen zu unterhalten. Sie besteht in der Bildung und Sicherung der Einheit des Gemeinwesens.« Michel Foucault, »›Omnes et singulatim‹: zu einer Kritik der politischen Vernunft«, in: ders., *Dits et Ecrits*, Schriften Bd. 4, Frankfurt/Main 2005, S. 165-198, hier S. 176.

27 Platon, »Der Staatsmann«, a.a.O., S. 557 (305b).

2.2. Das Jüngste Gericht

Die Modalität des gerichtlichen Urteils zum »höchsten und endgültigen Letzturteil« erhoben zu haben, stellt eine eigentümliche Leistung des Christentums dar, das das Urteil der *krísis* zum Paradigma des Jüngsten Gerichts macht, welches die einzelnen Individuen in Gerechte und Ungerechte zu unterteilen hat. Wie bekannt besitzt das Jüngste Gericht jedoch auch schon bei Platon in dem von Sokrates im *Gorgias* wiedergegebenen Mythos eine Entsprechung, in dem die Szene ein weiteres Mal von einem Gericht gebildet wird, welches das Urteil der *krísis* fällt, das unter den Individuen zu unterscheiden hat, wer in der Gerechtigkeit und wer in der Ungerechtigkeit gelebt hat. Dementsprechend weist es jedem von ihnen entweder die Auszeichnung der Inseln der Seligen oder aber die Verurteilung zum Tartaros zu:

> Nun war folgendes Gesetz wegen der Menschen unter dem Kronos schon immer, besteht auch noch jetzt bei den Göttern, dass welcher Mensch sein Leben gerecht und fromm geführt hat, der gelangt nach seinem Tod in die Inseln der Seligen und lebt dort sonder Übel in vollkommener Glückseligkeit; wer aber ungerecht und gottlos, der kommt in das zur Zucht und Strafe bestimmte Gefängnis, welches sie Tartaros nennen. Hierüber war nun unter dem Kronos und auch noch später, da schon Zeus die Herrschaft hatte, Lebende der Lebenden Richter und

> saßen zu Gericht an dem Tage, da jemand sterben sollte. Schlecht wurden daher die Sachen abgeurteilt. [...] Da sprach Zeus: Diesem will ich ein Ende machen. Denn jetzt freilich wird schlecht geurteilt, weil, sagte er, die zur Untersuchung Gezogenen verhüllt gerichtet werden; denn sie werden lebend gerichtet. Viele nun, sprach er, die eine schlechte Seele haben, sind eingehüllt in schöne Leiber und Verwandtschaften und Reichtümer, und wenn dann das Gericht (*krísis*) gehegt wird, dann stellen sich viele Zeugen ein, um ihr Zeugnis zu geben, dass sie gerecht gelebt haben. Teils nun werden die Richter von diesen übertäubt, teils richten auch sie selbst verhüllt, da ja ihre Seele ebenfalls hinter Augen, Ohren und dem ganzen Leibe versteckt ist. Dies alles nun steht ihnen im Wege, ihre eigenen Verhüllungen und der zu Richtenden ihre. [...] Ferner sollen sie gerichtet werden, entblößt von diesem allen. Wenn sie tot sind nämlich, soll man sie richten. Und auch der Richter soll entblößt sein, ein Toter, um mit der bloßen Seele die bloße Seele eines jeden anzuschauen, plötzlich, wenn jeder gestorben ist, entblößt von allen Verwandtschaften und nachdem sie allen jenen Schmuck auf der Erde zurückgelassen, damit das Gericht (*krísis*) gerecht sei.[28]

Zwar unterscheidet sich der Kontext von demjenigen des *Staates*, das Problem jedoch bleibt dasselbe: das Kriteri-

28 Platon, »Gorgias«, in: ders., *Werke in acht Bänden*, Bd. VI, a.a.O., 491ff. (523b-e).

um, um über die einzelnen Menschen zu urteilen und sie in Gerechte und Ungerechte einzuteilen. In einem komplementären Sinne zu ihrer Bestimmung im *Staat* findet die Urteilsmodalität der *krísis* ihre Wirksamkeit, wenn jedes beurteilte Individuum »gründlich gesäubert wird wie eine Statue zur Ausstellung«. Damit das Urteil der *krísis* seiner eigentümlichen Modalität gemäß ausgesprochen werden kann, dürfen die Menschen im *Gorgias* nämlich nicht von ihren Körpern und von der Lebensform ihrer irdischen Existenz »verhüllt« gerichtet werden; sie sollen nicht »lebend« abgeurteilt werden, sondern »entblößt« und »tot«. Auch der Richter hat entblößt und tot zu sein, und sein Urteil darf nicht vom »Schmuck« des irdischen Lebens des Gerichteten abgelenkt werden – nur so kann die *krísis* auf absolute Weise unterscheiden und sich im Sinne des Für oder Wider aussprechen.

Das Christentum hat das Urteil der *krísis* – das »eine« absolute Alternative zum Ausdruck bringt, deren Elemente sich wechselseitig ausschließen – zum Urteil schlechthin erhoben. Und zwar nicht nur in Form des Jüngsten Gerichts am Ende der Zeiten, sondern ebenso als »göttliches Urteil«, das in die Geschichte eingreift und ihren Wechselfällen und ihrem Verlauf damit von Mal zu Mal Sinn verleiht.[29] Eine solche Verweltlichung und Vergeschichtlichung

---

[29] In seiner Analyse der unterschiedlichen Interpretationen vom Fall des Römischen Reiches und damit vom Ende der antiken Welt stellt Santo Mazzarino fest, dass den Vorstellungen von Dekadenz und Niedergang – die ursprünglich auf eine natürliche organische und physiologische Ordnung Bezug nahmen: das Altern – auf den Spu-

des göttlichen Urteils bildet die Voraussetzung jener politischen Theologie, die die *krísis* per Analogieschluss als Paradigma der politischen Entscheidung ansetzt.

Ein solches Resultat findet sich gleichwohl nicht bei Platon angelegt, nicht einmal im *Gorgias*. Die *krísis* bildet zwar die Form des Letzturteils, aber nur, indem sie gerade nicht auf die Lebenden, ihre Geschäfte und Affären angewendet wird – und ebenso wenig auf das politische Leben, dem allein ein Urteil angemessen ist, das nicht die Gestalt einer unbeugsamen Alternative annimmt. Die politische Entscheidung besteht also nicht in dem Ergebnis eines Prozesses, sondern im Prozess selbst:[30] darin, *wie* man zu einem Beschluss gelangt und nicht im besonderen Inhalt des Beschlusses, der in seiner Partikularität und Kontingenz richtig oder falsch sein kann. Auch wenn sich ein

---

ren von Augustinus und Orosius im Mittelalter das in Erscheinung Treten eines »göttlichen Urteils« beigelegt wurden. Vgl. Santo Mazzarino, *Das Ende der antiken Welt*, München 1961.

30 Nicole Loraux führt die Bedeutung von »Prozess« auf die Etymologie des Begriffs *agorà* zurück, eines *Agon* zwischen miteinander in Konflikt stehenden Meinungen, dessen – auch rechtliche – Verfahrensweise nicht im Ausgang des Urteils seinen Daseinsgrund findet, sondern im Kampf: »Der Terminus *agorà* spielt auf die Versammlung an (von *ageirō*, »versammeln«), aber vom Beginn der *Ilias* an klingt in ihm auch die Konfliktualität des *agōn* mit seinen Wortschlachten nach, Kraft gegen Kraft, wenn sich zwei Redner gegeneinander erheben. Sprechen, kämpfen, der Unterschied ist geringer, als es zunächst den Anschein haben mag. [...] Der entscheidende Punkt ist, dass auf der *agorà* ein Prozess geführt wird – mit anderen Worten [...] ein *agōn*: zugleich Wettstreit und Gefecht, ein »rechtlicher Kampf«. Nicole Loraux, *La cité divisée. L'oubli dans la mémoire d'Athènes*, Paris 1997, S. 97.

bestimmter Beschluss im Lichte der Tatsachen hernach als falsch erweisen sollte, entwertete das nicht seine Rechtmäßigkeit, die in nichts anderem besteht als in der gemeinsamen Praxis der *boulḗ*. Das Urteil der *krísis* entspricht damit nicht der höchsten Form des Urteils, die vielmehr der höchsten Lebensform zu entsprechen hat, dem politischen Leben: »Hernach erst, nachdem wir so gemeinschaftlich [die Tugend] geübt, wollen wir, wenn es uns nötig dünkt, auch der Staatsangelegenheiten uns annehmen, oder worin es uns sonst gut dünkt, wollen wir entscheiden, wenn wir erst geschickter darin sind als jetzt, Rat zu erteilen (*bouleúesthai*).«[31] Die Tugend ist eine Übung, die das einzelne Individuum betrifft, das dafür abgeurteilt und – je nach Ausgang, von Fall zu Fall – belohnt oder bestraft werden wird. Wenn die Tugend auch dazu beiträgt, darin geschickter zu werden, gemeinschaftlich Rat zu erteilen, ist die politische Entscheidung dennoch auf einer anderen Ebene als diese zu verorten – auf derjenigen des politischen Lebens, der Staatsangelegenheiten, des *Wie* des Entscheidens.

---

[31] Platon, »Gorgias«, a.a.O., S. 503 (527d) [Übers. geändert].

3. Krísis: Das medizinische Urteil

3.1. Hippokrates: Im Dienst der Pólis

Die medizinische Bedeutung von *krísis* entspricht ihrer forensischen Bedeutung – oder umgekehrt, der rechtliche Sinn, den die *krísis* im politischen Bereich annimmt, geht aus ihrem medizinischen Gebrauch hervor. Die *krísis* als Urteil, das die Elemente, über die es sich ausspricht, auf eine absolute Alternative reduziert, findet ihr Paradigma im Urteil über Leben und Tod des Patienten, der Opfer einer Krankheit wurde. Hat die Krankheit einmal ein Ungleichgewicht im Körper bewirkt, greift die *krísis* ein, um den zu verfolgenden Verlauf zu *diagnostizieren*, der die vitalen Funktionen stabilisieren und die Gesundheit wiederherstellen kann: Diagnose und Prognose, *Unterscheidung und Urteil*. Die *krísis* legt also fest, *wie* sich eine bestimmte Krankheit entwickeln wird, beurteilt ihren Verlauf hin zum Tod oder der Rettung und Genesung entgegen. Dabei handelt es sich nicht um eine Entscheidung über Leben und Tod, sondern um die »Diagnose« eines natürlichen Phänomens. Wie im politischen Bereich kann die *krísis* auch in der Heilkunst zwischen den äußersten Punkten von Leben und Tod urteilen, da sie eine Ordnung – in diesem Fall die natürliche und organische – voraussetzt, die nicht erst von ihrem Urteil erzeugt wird. Nicht das medizinische Urteil bringt die Gesundheit hervor, sondern der

Verlauf der Krankheit hin zur Heilung zeigt dem Arzt das Urteil an, seine Diagnose.

Im medizinischen Bereich stellen Hippokrates und seine Schule die maßgebliche Referenz dar, dessen Lehren später zum Großteil durch Vermittlung von Galen überliefert wurden; dabei ist der Einfluss bekannt, den Aristoteles (seinerseits Sohn eines Arztes) auf das Denken Galens ausgeübt hat. Gehen wir aber erneut der Reihe nach vor, um im Einzelnen nachzuvollziehen, welche Bedeutung Hippokrates der *krísis* beilegt. Wie auch bei Platon und Aristoteles bedeutet Krise für Hippokrates ein »Urteil«: »Das Leben ist kurz, die Kunst ist lang, der rechte Augenblick (*kairós*) ist rasch enteilt, der Versuch ist trügerisch, das Urteil (*krísis*) ist schwierig.«[32] Das von der Krise bedingte Urteil besteht hierbei jedoch in der Diagnose der Heilung – in der unterscheidenden Erkenntnis des auf eine Rückkehr zur Gesundheit ausgerichteten Krankheitsverlaufs. Die Krise, der für gewöhnlich ein heftiger Fieberschub vorangeht, entspricht dem Moment, da es dem Arzt möglich ist, die Heilung zu diagnostizieren und zu prognostizieren, dass es sich bei Wiedereinstellung derselben Symptome unter denselben Umständen auch in Zukunft so verhalten müsse. Insbesondere mit der Prognose übt der Arzt seine besondere Kunst aus, denn die Heilung obliegt ausschließlich der Natur und muss – damit sie »vollkommen« und vollständig ist – mittels der Tätigkeit

---

32 Hippokrates, »Aphorismen« I, 1, in: ders.: *Sämmtliche Werke*, Bd. 1, München 1895, S. 67.

des Organismus von Innen kommen, wobei sich der Eingriff von Außen, sofern denn unbedingt nötig, auf das unentbehrliche Minimum zu beschränken hat.[33] Die Natur geht ihren Gang, der Arzt hingegen ist dazu angehalten, ein etwaiges Auftreten von Symptomen der Genesung zu erkennen, die Krise zu diagnostizieren:

> Die Koktion deutet jedesmal auf eine rasche Krisis und eine sichere Genesung hin, rohe, unverdaute und sich in schlimme Ablagerungen umsetzende Massen hingegen deuten auf ein Unterbleiben der Krisis, Schmerzen, lange Dauer, Tod oder Rückkehr der nämlichen Symptome. Was aber von diesen am ehesten eintreten wird, das hat man auf Grund von anderen Anzeichen zu erwägen. Man muss das vor der Krankheit Gelegene angeben, den gegenwärtigen Stand erkennen, die Prognose voraussagen. Das hat man zu üben.[34]

---

33 In seiner Behandlung der Krankheiten schreibt auch Platon sich voll und ganz in die Linie des Hippokrates und seiner Schule ein: »Ferner ist unter den Bewegungen die in sich selbst durch sich selbst erfolgende Bewegung die beste – denn diese ist am nächsten mit der Bewegung des Denkens und des Alls verwandt. [...] Die gleiche Art der Bildung nun tritt auch bei den Krankheiten auf, stört diese aber jemand entgegen der Vorbestimmung der Zeitdauer durch Arzneimittel, dann pflegen aus leichten schwere, aus wenigen viele Krankheiten zu entstehen.« Platon, »Timaios«, in: ders., *Werke in acht Bänden*, Bd. VII, Darmstadt 1972, S. 199ff. (89a-d).

34 Hippokrates, »Epidemien« I, 11, in: ders.: *Sämmtliche Werke*, Bd. 2, München 1897, S. 108.

Die Rolle des Arztes konzentriert sich auf das dritte Moment der Heilkunst; dieser ist nicht ihr Souverän, sondern – in dem vom Ausdruck *hypēretēs* nahegelegten Sinne – ihr »Verwalter«, ihr »Diener, Sklave, Untergebener«: »Die [ärztliche] Kunst setzt sich aus dreierlei zusammen: der Krankheit, dem Patienten und dem Arzte. Der Arzt ist der Diener (*hypēretēs*) der Kunst; der Krankheit hat der Patient im Vereine mit dem Arzte Widerstand zu leisten.«[35] Wie es der Terminus *hypēretēs* anzeigt – derselbe Ausdruck, den Platon, wie gesehen, im *Staatsmann* verwendet, um die Wirksamkeit der Richter als »Dienerin der königlichen Stärke« auszuweisen und so deren Macht gegenüber der im eigentlichen Sinne politischen einzuschränken – ist die Analogie mit der Funktion der *krísis* im forensischen Bereich offensichtlich. Die *krísis* ist Ausdruck eines Zustands – der Gerechtigkeit oder der Gesundheit –, der als von vitaler Bedeutung oder als von einer natürlichen Neigung hervorgebrachter vorausgesetzt wird. Derjenige, dem das Urteil der *krísis* zufällt – dem die Verwaltung der *pólis* obliegt oder dem »Diener« der Heilkunst –, bezieht seine Autorität aus der Ordnung, der er Respekt zu verschaffen oder die er wiederherzustellen hat und in deren Diensten er steht.[36]

---

35 Ebd.

36 So drückt sich Hippokrates gegenüber den Abderiten aus, die sein Eingreifen erbeten hatten, um Demokrit von seinem vermeintlichen Wahnsinn zu heilen: »Und ich, überzeugt davon, dass die Künste Geschenke der Götter sind und die Menschen ein Werk der Natur, bin der Ansicht – seid deshalb nicht beleidigt, Ihr Abderiten –, dass

Der Arzt übt keine entscheidende Funktion aus, wenn die Natur selbst ihren Lauf nimmt; er ist nur dann aufgefordert, seine Kunst auszuüben, wenn es sich um »Epidemien« handelt, wenn die Krankheit – buchstäblich *epí dêmos* – »auf die Bevölkerung« einwirkt, d. h. auf das biologische Leben des *dêmos* und nicht auf das politische Leben der *politeía*, der »Staatsbürger«, und das Individuum als Glied dieser Bevölkerung trifft:

> Die Krankheiten, die von der Natur herrühren, führt die Natur selbst zur Krise und heilt (*krinousa*) sie, die Krankheiten aber, die aus Epidemien entstehen, heilt die Heilkunst, indem sie den Regeln der Kunst folgt und die Veränderungen der Körper beurteilt (*krinousa*). Hippokrates, der Arzt, heilt diese Art von Krankheit.[37]

Die Beschreibung, die Hippokrates von der Bevölkerung als Subjekt der Epidemien gibt, scheint diejenige vorwegzunehmen, die Foucault von dieser liefern wird, wenn er sie in seiner Vorlesung von 1977 als das neue Subjekt-Objekt der biopolitischen Regierungskunst, d. h. der

---

nicht Ihr, sondern die Natur selbst mich ruft, um ihr Werk zu retten, das Gefahr läuft, durch eine Krankheit ums Leben zu kommen. Demnach gehorche ich nicht Euch, sondern der Natur und den Göttern, wenn ich zu Euch komme, um den kranken Demokrit zu behandeln.« Hippokrates, *Lettere sulla follia di Democrito*, Neapel 1998, S. 37. Diese hippokratischen Briefe haben sich inzwischen als Apokryphen erwiesen, gehören jedoch weiterhin dem *Corpus Hippocraticum* an.

37 Ebd., S. 23ff.

»Gouvernementalität« bestimmt. Auch bei Foucault beginnt die Bevölkerung als vom Volk unterschiedene Entität – neben den anderen Vorkommnissen, die jenen Epochenwechsel hin zur Moderne geprägt haben – mit den großen Epidemien des 17. und 18. Jahrhunderts Gestalt anzunehmen, als es die Ausbreitung der Krankheiten jenseits der nationalstaatlichen Grenzen erforderlich machte, eine Entität zu entwerfen und zu bestimmen, die nicht auf das politisch-rechtliche Paradigma der Souveränität sowie auf das diesem entsprechende des Volkes zurückführbar ist. Wenn die Epidemien diese Art überstaatlicher »Globalisierung« vorwegnehmen, fungiert die Bevölkerung von Beginn an als deren Subjekt. Im Unterschied zum Volk ist die Bevölkerung nicht durch die unverbrüchliche Verbindung Befehl-Gehorsam zu bestimmen, wie sie vom souveränen Vertrag eingesetzt und vom Kunstgriff des Gesetzes reguliert wird. Sie beginnt vielmehr erst in dem Moment eine eigene Physiognomie anzunehmen, da sie als eine gewisse »Naturalität« betrachtet wird:

> Man beginnt sie [die Bevölkerung] als eine Gesamtheit von Vorgängen zu betrachten, die man in ihrer Natürlichkeit verwalten muss. Doch was bedeutet hier ›Naturalität‹ der Bevölkerung? Was bewirkt, dass die Bevölkerung von diesem Moment an nicht vom juridisch-politischen Begriff des Untertanen aus wahrgenommen wird, sondern als eine Art technisch-politisches Objekt einer Verwaltung oder einer Regierung? [...] Die Bevölkerung variiert mit dem

> Klima. Sie variiert mit der materiellen Umgebung. Sie variiert mit der Intensität des Handels und mit der Geschäftstüchtigkeit im Umgang mit der Zirkulation der Reichtümer. Sie variiert gewiss entsprechend der Gesetze, denen sie unterworfen ist. [...] Sie variiert auch mit den Gewohnheiten. [...] Die Bevölkerung variiert mit den moralischen oder religiösen Werten, die diesem oder jenem Verhaltenstypus zuerkannt werden. [...] Sie variiert gewiss auch mit dem Zustand der Subsistenz. [...] Die Bevölkerung [stellt] also nicht jene Art des ursprünglich Gegebenen, der Materie dar, auf die, im Sinne eines Vis-à-vis des Souveräns, das Handeln des Souveräns ausgeübt wird.[38]

Die Bevölkerung, die durch die Epidemien des 17. und 18. Jahrhunderts Gestalt anzunehmen beginnt, untersteht nicht direkt der Souveränität, sondern wird vor allem zum Gegenstand des medizinischen Wissens. Und sie wird zur selben Zeit auch zum Gegenstand des ökonomischen Wissens, das den von der »Getreideknappheit« im europäischen Markt verursachten Hungersnöten zu begegnen hat. Medizin und Ökonomie teilen schließlich dieselben Regierungsdispositive, da ihr besonderer Gegenstand – die Bevölkerung – derselbe ist. Die »Naturalität« der Bevölkerung betrifft nämlich sowohl die Medizin als auch die Ökonomie. Seitdem die »Behandlung« der Bevölkerung in jeder Hinsicht zu einer politischen Aufgabe geworden ist,

---

38 Michel Foucault, *Sicherheit, Territorium, Bevölkerung. Geschichte der Gouvernementalität I*, Frankfurt/Main 2004, 108f.

lässt sich eine solche Regierungskunst als »biopolitisch« bezeichnen. Es ist demnach die Synergie von Medizin und Ökonomie bei der jeweiligen Reaktion auf Epidemien und Nahrungsmittelknappheit, die die Grundlagen der Biopolitik schafft.[39]

Um aber vorerst zu Hippokrates zurückzukehren: In seiner Analyse der Ursachen für die Entstehung und Verbreitung von Epidemien schreibt er der »Naturalität« des *dêmos* nicht ausschließlich organische Aspekte zu. Die Interventionsfähigkeit seiner »Heilkunst« bemisst sich demnach nicht so sehr an den von der Natur herrührenden Krankheiten, da es, wie gesehen, »die Natur selbst ist, die diese zur Krise führt und heilt«. Sie zeichnet sich vielmehr durch die präskriptiven und disziplinierenden Aspekte der Prognose aus. Zusammen mit Krankheitsursachen rein physiologischer Natur (die dem Organismus des einzelnen Individuums zuzurechnen sind), tragen zum Ausbruch der Epidemien und ihrer Verbreitung auch bestimmte geographische, territoriale und klimatische Bedingungen bei, ebenso wie bestimmte politische Regime, Gebräuche und individuelle wie kollektive Verhaltensweisen. Vom medizinischen Standpunkt aus gesehen betreffen die Epidemien demnach einen *dêmos*, der nicht der *politeía*, der politi-

---

39 »Für die kapitalistische Gesellschaft war vor allem die Bio-Politik wichtig, das Biologische, das Somatische und das Körperliche. Der Körper ist eine bio-politische Wirklichkeit; die Medizin ist eine biopolitische Strategie.« Michel Foucault, »Die Geburt der Sozialmedizin« (1977), in: ders.: *Dits et Ecrits*, Bd. 3, a.a.O., S. 272-298, hier S. 275.

schen Gemeinschaft der *pólis* entspricht; es wäre demnach keineswegs allzu gewagt, diesen als »Bevölkerung« zu bezeichnen. Wenn es aber die Natur selbst ist, die die einzelnen Individuen zur Krise führt und heilt, und wenn die politische *téchnē* die »Staatsbürger« der *pólis* regiert, dann erscheint die Bevölkerung als Gesamtheit der Individuen, die nicht nur und nicht ausschließlich durch ihre Zugehörigkeit zu einer politischen Gemeinschaft verbunden sind, als ein besonderes Produkt der medizinischen *téchnē*. Ohne die Analogie bis über die Grenzen des Erlaubten hinaus strapazieren zu wollen, lässt sich jedoch nicht leugnen, dass die Merkmale des den Epidemien unterworfenen *dêmos*, wie sie Hippokrates bestimmt, exakt denjenigen der »Bevölkerung« zu entsprechen scheinen, die Foucault aus den Traktaten über die Epidemien des 17. und 18. Jahrhunderts gewinnt und von denen ausgehend er seine Konzeption der Biopolitik und der Gouvernementalität entwickeln wird. In beiden Fällen ist dabei dasselbe Dispositiv der »Naturalisierung« nicht unmittelbar »natürlicher« Einflussgrößen am Werk, die vielmehr sozialer, politischer, kosmologischer und verhaltensbezogener Art sind. Rein physiologische Aspekte werden von Hippokrates lückenlos mit anderen, sozusagen »kulturellen« Aspekten verbunden:

> Was die Krankheiten angeht, so lernen wir die Diagnose aus Folgendem: aus der gemeinsamen Beschaffenheit aller wie aus der besonderen eines jeden Einzelnen, aus

> der Krankheit, aus dem Patienten, aus der Behandlung, aus dem Behandelnden – denn es kann sich infolge davon sowohl zum Besseren, als auch zum Schlechteren wenden –, aus der allgemeinen und besonderen Beschaffenheit der Himmelsvorgänge und jedes einzelnen Landes, aus den Gewohnheiten, aus der Diät, aus der Lebensart, aus dem Alter eines jeden, aus seinen Worten, seinem Charakter, dem Schweigen, seinen Gedanken, dem Schlafe, dem Nichtschlafen, den Träumen, dem Wie und dem Wann derselben, dem Flockenlesen, dem Jucken, den Tränen, den Paroxysmen, den Entleerungen, dem Urine, dem Auswurfe, dem Erbrechen, daraus, was für Veränderungen der Krankheiten geschehen, aus was sie entstehen und wozu sie führen, daraus, ob die Ablagerungen zu einem schlimmen Ende oder zur Krisis führen – Schweiß, Starrfrost, Erkältung, Husten, Niesen, Schlucken, Atmung, Aufstoßen, Blähungen, solche, welche lautlos, solche, welche mit Geräusch abgehen, Blutergüsse, Hämorrhoiden. Auf Grund dieser Anzeichen hat man zu prüfen, und man hat zu prüfen, was durch sie entsteht.[40]

Gleichwohl soll hier nicht die These einer bei Hippokrates und in der antiken Heilkunst nachweisbaren Biopolitik *ante litteram* vertreten werden. Es trifft zwar zu, dass der Arzt im Falle der Epidemien, in dem sich die Ausübung der Heilkunst als angemessen und wirkungsvoll erweisen

40 Hippokrates, »Epidemien« I, 23, a.a.O., S. 115f.

kann, vollständig deren Aufgabe nachkommt: Er »regiert und verwaltet« die Hygiene und Gesundheit der Bevölkerung. Jedoch ist die Regierungskunst einer Verwaltung der Gesundheit – die medizinische »Prognose« – nicht mit der politischen Kunst zu verwechseln. Wie wir bei Platon und Aristoteles gesehen haben, entspricht das Urteil der medizinischen *téchnē* als *krísis* – darin der *krísis* im gerichtlichen Bereich vollkommen analog – keineswegs der für die politische *téchnē* charakteristischen Entscheidung. Daher wäre es vollkommen unangebracht, hinsichtlich der medizinischen Verwaltung der einer Epidemie zum Opfer gefallenen Bevölkerung von Biopolitik zu sprechen. Sehr viel später wird jedoch gerade die sukzessive Einebnung des Unterschieds zwischen medizinischer und politischer *téchnē* – und der von Platon eingesetzten Unterordnung der ersteren unter die letztere – aus der Krise eine biopolitische Regierungskunst machen. Gerade die medizinische *téchnē* zusammen mit der rechtlichen (und im Zeitalter der Moderne der ökonomischen) werden die politische *téchnē* dann in einem biopolitischen Sinne orientieren.

Hippokrates zog jedoch überhaupt nicht in Betracht, dass die Heilkunst eine politische Initiative legitimieren könne. Im Gegenteil, auf die Anfrage des Artaxerxes, der seine ärztlichen Dienste anforderte, um das persische Heer von der Epidemie zu heilen, antwortet Hippokrates in seiner Eigenschaft als griechischer Bürger, indem er das Angebot im Namen seiner »politischen« Zugehörigkeit ablehnt, der er die Prinzipien der Heilkunst unterordnet:

> Als Erwiderung auf den Brief, den Du mir gesendet hast und der vonseiten des Königs stammen soll, schreibe ihm unverzüglich meine Antwort und richte dem König aus, dass ich Essen und Kleider habe, ein Haus und alles, was zum Leben nötig ist, und dass es mir weder gestattet ist, vom Reichtum der Perser zu profitieren, noch, die Krankheit von Barbaren zu heilen, die als Feinde der Griechen auftreten.[41]

Ebenso wie Epidemien nicht zwischen Freunden und Feinden unterscheiden, ist dies auch für die Bevölkerung der Fall, deren politische Bedeutung sich nicht über die Unterscheidung zwischen Freund und Feind definiert. Man wird, wie wir mit Foucault gesehen haben, die Moderne abzuwarten haben, damit sich eine Regierungskunst wie die biopolitische abzuzeichnen beginnt, die jenseits des Volkes und des Staates Anwendung findet und der Bevölkerung auf diese Weise ihre spezifisch politische Bedeutung verleiht.

3.2. Galen: Zwischen Leben und Tod

Der erste, der in hellenistischer Zeit den Ansatz des Hippokrates modifiziert und in der Bestimmung der Krise deren natürliche Ausrichtung auf Heilung abgeschwächt hat,

---

[41] Hippokrates, *Lettere sulla follia di Democrito*, a.a.O., S. 29.

ist Galen. Mit seiner Abhandlung des Phänomens nimmt die Krise die Bedeutung eines »Schwebezustands zwischen Leben und Tod« an, die sich, wie wir sehen werden, später auch in den Enzyklopädien und Wörterbüchern der anhebenden Neuzeit wiederfinden lässt. Wahrscheinlich erlangt die dem »Urteil« des Arztes zugeschriebene Rolle innerhalb der Bestimmung von Krise gerade durch seine Lehren immer größeres Gewicht. Insbesondere der rechte Augenblick (*kairós*), der für die Diagnose günstige Moment, wird unter den die Heilkunst bei Hippokrates ausmachenden Elementen von Galen hervorgehoben und betont. Der *kairós* wird bei Galen zu dem Moment, in dem die Subjektivität des Arztes hervortritt, die sich im Wesentlichen in seiner Entscheidung ausdrückt. Im Unterschied zu den von Hippokrates beschriebenen Fällen, die sich auf die Symptome der Patienten konzentrieren, zeichnen sich die Krankengeschichten Galens vielmehr durch die vom Arzt anberaumten Therapien aus.[42]

Es gibt keine Art von *krísis*, handele es sich nun um eine das einzelne Individuum oder die ganze Bevölkerung betreffende Krankheit, die nicht auch eine Untersuchung des Arztes erforderte, der – obgleich er sich nicht an die Stelle der Natur setzt – der ausschließliche Wahrer desjenigen Wissens ist, das feststellen kann, ob und wie die Natur heilt oder aber ob ihre Neigung zur Erhaltung des Lebens der Krankheit unterliegt:

---

42 Vgl. Susan P. Mattern, *Galen and the Rhetoric of Healing*, Baltimore MD 2008.

> Ob die Krise nun eine plötzliche Veränderung im Krankheitsverlauf sei oder nur die Ausrichtung auf einen besseren Zustand oder eine diesem vorangehende Alteration oder jedweder Ausgang der Krankheit; oder ob die Krise, wie manche wollen, nur die gute genannt werden könne; mein einziges Ziel besteht hier darin, nicht in erster Linie zu unterscheiden, sondern als jemand, der mit all diesen Dingen gut vertraut ist, möchte ich sie zunächst genau untersuchen. Als bestes Prinzip ihrer Prognose, das im Übrigen auch für zukünftige Zeiten gilt, kann auch die akuteste Phase der gesamten Krankheit Krise genannt werden.[43]

In dieser letzten Bedeutung von Krise – »die akuteste Phase der gesamten Krankheit« – verliert sich die Spur der natürlichen Ausrichtung auf Heilung, der ihren Sinn in der antiken Heilkunst insgesamt ausgemacht hatte. Krise bedeutet jetzt Kampf, Konflikt zwischen Leben und Tod, dessen Ausgang ungewiss ist.

Ein weiterer Aspekt der Auffassung von Krise in der antiken Medizin, der im Folgenden bedeutsam werden wird, liegt in der engen Verbindung von Diagnose und Prognose der Krise und der antiken Astronomie pythagoreischer Prägung, auf die sich bereits Hippokrates[44] bezog

---

43 Galen, *Peri criseon*, L. I, c. 1.

44 Hippokrates schreibt an seinen Sohn: »Die Ordnung der Zahlen wird Dir eine Hilfe dabei sein, um die Phasen und plötzlichen Wandlungen der Fieberschübe, die Krisen der Patienten und die positiven Symp-

und die insbesondere bei Galen großen Raum einnimmt.[45] Die Tatsache, dass die Heilung der Krankheit – die Krise – im Sinne einer »Rückkehr« und einer »Wiederherstellung« des anfänglichen Gesundheitszustands verstanden wird, findet eine genaue Entsprechung in der Berechnung der »Revolutionen« des Mondes oder anderer Planeten. Dabei handelt es sich nicht um eine einfache Analogie: Die »kritischen Tage« einer Krankheit und der Verlauf der Krise werden auf der Grundlage astronomischer Kalküle bestimmt. Wenn die Krise der Krankheit nicht in die vorherberechneten Tage fällt, wird sich die Krankheit auch für Hippokrates tendenziell zum Schlechteren entwickeln und kann mitunter zum Tode führen:

> Außerdem hat man aber zu wissen, dass, wenn sich eine Krankheit in anderer Weise, also außerhalb der vorerwähnten Tage, entscheidet, Rückfälle eintreten werden, unter Umständen auch der Tod erfolgt. Darum hat man Acht zu geben und in diesen Zeiten wohl zu wissen, wann die Krisen zur Genesung oder zum Tode führen werden oder ein Umschwung zum Besseren oder Schlechteren stattfinden wird.[46]

---

tome der Krankheiten zu berechnen.« Hippokrates, *Lettere sulla follia di Democrito*, a.a.O., S. 89.

45 Galen hat diesem Thema eine ganze Abhandlung gewidmet: *De Diebus Decretoriis*, Paris 1550.

46 Hippokrates, »Epidemien« I, 26, a.a.O., S. 118.

Der Kalender – und also die kosmische Ordnung – bestimmt demnach über den Ausgang der Krankheit; die Krise als solche bezeichnet den Moment der Diagnose, nicht den der Entscheidung. Und diese Diagnose kann sich bestenfalls der Prognose bedienen, d. h. der von der natürlichen und organischen Ordnung garantierten Vorhersehbarkeit und Berechenbarkeit. Daher beschreibt der Verlauf der Krise eine »Revolution« im klassischen astronomischen Wortsinne: eine »Rückkehr« zur Ordnung oder – anders gesagt – die Ordnung als eine »Rückkehr«. Eben die Tatsache, dass die Krise derart unverbrüchlich mit der kosmischen Ordnung verbunden ist, erlaubt es den Ärzten der Antike, sie zu etwas zugleich Diagnostizierbarem und Prognostizierbarem zu machen. Erst in der Moderne wird sich, obwohl diese die enge Verbindung von Krise und Revolution aufrecht erhält, dieser ihr Sinn verkehren.

II

Nirgends kommt es zu einer Wirkung,
sondern immer nur wieder zu einer »Kritik«;
und die Kritik selbst macht wieder keine Wirkung,
sondern erfährt nur wieder Kritik.

Friedrich Nietzsche[47]

47 Friedrich Nietzsche, »Vom Nutzen und Nachteil der Historie für das Leben«, in: ders., *KSA* Bd. 1, S. 243-334, hier S. 284f.

1. Neuzeit: Vor der Revolution

Eines der Sachgebiete, in dem der Begriff der Krise heute verbreitet ist, die Ökonomie, hat diesen erst im Laufe des 19. Jahrhunderts in ihren Wortschatz übernommen. Zwar geht das erste nachweisbare Vorkommen von Krise im ökonomischen Bereich bereits auf das Jahr 1772 zurück, als der Begriff in Bezug auf die Finanzkrise desselben Jahres Verwendung fand; es handelt sich jedoch um einen episodischen Gebrauch, der auch in den darauffolgenden Jahrzehnten weiterhin sporadisch bleibt.[48] Keineswegs zufällig wird »Krise« erst in derjenigen Epoche – derselben Epoche, deren Hauptstadt Benjamin zufolge Paris gewesen ist – zu einem vollwertigen Begriff der Ökonomie, in der sich die Vorbedingungen jener ökonomischen Modalität der Regierungskunst ausmachen lassen, wie sie die neoliberale Hegemonie heute auszeichnet. Es kann dabei keine bloße Suggestion sein, dass der ökonomische Gebrauch des Terminus Krise – als Beleg seiner die Zeit überdauernden »Matrix« – die Bedeutung übernimmt, die er schon bei seinem Auftauchen in der griechischen Welt im medi-

---

48 Der Begriff »Krise« taucht im Untertitel des Pamphlets von James Boswell auf: *Reflections on the Late Alarming Bankruptcies in Scotland. Addressed to All Ranks. But Particularly to the Different Classes of Men from Whom Payments May soon Be Demanded. With Advice to Such, How to Conduct Themselves at This Crisis*, Edinburgh 1772. Vgl. dazu Daniele Besomi, *Il linguaggio delle crisi. L'economia tra esplosioni, tempeste e malattie*, Rom 2017, S. 45.

zinischen Bereich innehatte: »Krankheit«, »Ungleichgewicht«, »Diagnose« und zugleich auch »Prognose«:

> Seit den vierziger Jahren [des 19. Jahrhunderts] durchzieht der wirtschaftlich eingefärbte Krisenbegriff alle gesellschaftskritischen Schriften [...]. ›Krise‹ war geeignet, die verfassungsrechtlichen oder klassenbedingten, die von der Industrie, Technik und der kapitalistischen Marktwirtschaft hervorgerufenen Notlagen insgesamt als Symptome einer Krankheit oder Gleichgewichtsstörung unter einen Begriff zu bringen.[49]

Bis ins 18. Jahrhundert hinein ist die vorherrschende Bedeutung von »Krise« hingegen weiterhin die medizinische. Foucault liefert in seiner Analyse des Phänomens der Epidemien, die Europa zwischen dem 17. und dem 18. Jahrhundert heimsuchten, eine – wenn auch unfreiwillige Bestätigung – dafür. Denn obwohl er das Vorkommen des Terminus im medizinischen Wortschatz als unüblich einstuft, entspricht die Definition von Krise exakt derjenigen, die aus der Tradition der antiken Medizin stammt:

> Diese Phänomene der Überlastung, die regelmäßig entstehen und die sich auf ebenso regelmäßige Weise aufheben, sind im großen Ganzen das, was man – nicht genau im medizinischen Vokabular übrigens, weil das Wort

---

49 Koselleck, Art. »Krise«, a.a.O., S. 643.

> bereits gebraucht wurde, um etwas anderes zu bezeichnen –, sie sind ungefähr das, was man die Krise nennt. Die Krise ist jenes Phänomen der zirkulären Überlastung, die sich nur eindämmen lässt entweder durch einen superioren, natürlich und superioren Mechanismus, der sie abschwächt, oder durch eine künstliche Intervention.[50]

Noch 1754, im von dem Arzt Théophile De Bordeu (einem der Hauptvertreter des »Vitalismus« der sogenannten »Schule von Montpellier«) abgefassten Eintrag *Crise* zur *Encyclopédie* von Diderot und D'Alembert, wird »Krise« ausschließlich als »medizinischer Terminus« aufgeführt, der – nach der auf den Spuren der Schule des Hippokrates von Galen vorgeschlagenen Definition – die forensische Bedeutung von *Urteil* wiederaufnimmt. Indem er insbesondere die Theorie der Krisen von Galen übernimmt, wird das »Urteil« nach De Bordeu über den Verlauf einer Krankheit gefällt, der in dem Moment »kritisch« wird, da er in das Stadium des Kampfes, des Konflikts zwischen Leben und Tod eintritt:

> Galen lehrt uns, dass das Wort ›Krise‹ ein forensischer Terminus ist, den die Ärzte übernommen haben und der genaugenommen *Urteil* bedeutet. [Hippokrates] bezeichnet all das als *Krise*, was eine Krankheit verändert. Er spricht bei Krankheit auch dann von *Krise*, wenn sie sig-

---

50 Foucault, *Sicherheit, Territorium, Bevölkerung*, a.a.O., S. 95f.

nifikant zu- oder abnimmt, wenn sie degeneriert und in eine andere Krankheit übergeht, oder selbst, wenn sie völlig abbricht. Galen behauptet, mehr oder weniger im gleichen Sinne, dass die *Krise* eine Veränderung der Krankheit zum Besseren oder zum Schlechteren ist; dies hat dazu geführt, dass viele Autoren die *Krise* als eine Art Kampf zwischen der Natur und der Krankheit gesehen haben; als einen Kampf, bei dem die Natur gewinnen oder unterliegen kann: sie haben sogar behauptet, dass der Tod in gewisser Hinsicht als Krise der Krankheit betrachtet werden könne.[51]

Die Bestimmung der »Krise«, die De Bordeu der antiken Medizin entnimmt, ist stark durch die Vermittlung Galens beeinflusst – die Krise nicht als Moment der Diagnose einer Heilung, sondern als der »akuteste« der Krankheit, wenn ihr Ausgang sich auf dem Höhepunkt der Ungewissheit befindet und das Urteil des Arztes »auflösend« wirken kann –, da diese besser dafür geeignet ist, in den sich genau zu jener Zeit entwickelnden Diskurs der Moderne übernommen zu werden.

Nahezu zur gleichen Zeit wie die *Encyclopédie* von Diderot und D'Alembert erscheint auch die deutsche Entsprechung zur französischen Enzyklopädie: das *Grosse vollständige Universal-Lexicon* von Johann Heinrich Zedler.

---

51 Théophile de Bordeu: »Art. Crise« (1754), in: Denis Diderot/Jean-Baptiste D'Alembert: *Encyclopédie, ou Dictionnaire raisonné des sciences, des arts et des métiers*, Bd. IV., Stuttgart/Bad Canstatt 1966, S. 471.

Auch darin findet sich das Lemma »Crisis«, und auch in diesem Fall wird ausschließlich die medizinische Bedeutung wiedergegeben.[52] Es fällt allerdings ein Unterschied zum französischen Artikel ins Auge, der für unsere Diskussion nicht unbedeutend ist. Während die Bedeutung von Krise bei De Bordeu nämlich im Wesentlichen der Lehre Galens entnommen ist und demnach den Augenblick bezeichnet, da der Krankheitsverlauf eine plötzliche Wendung zum Besseren oder zum Schlechteren erfährt, überwiegt für Zedler im Begriff der Krise die Wiederherstellung der anfänglichen Gesundheit. Die Krise ist folglich das heilsame Resultat, das sich aus einem Urteil ergibt, und nicht der Moment der Entscheidung: »Crisis von *krino*, urtheilen, absondern, bedeutet dem Wort-Verstand nach eine Beurtheilung.«[53] Darin liegen jedoch noch weitere Konsequenzen verborgen.

Zedler ist der Ansicht, dass die Ärzte der Antike – ausgehend von Hippokrates und Galen – den Terminus Krise

---

52 Gleiches lässt sich auch bezüglich der englischen Sprache feststellen, insofern *The Oxford Dictionary* als erste und älteste Bedeutung für ›crisis‹ ebenfalls die medizinische angibt (16. Jahrhundert), während diese medizinische Bedeutung dann im Laufe des 17. Jahrhunderts – nicht zufällig das Jahrhundert der Revolutionen in England – in den politischen Bereich übertragen wird. Der älteste politische Gebrauch, den das *Dictionary* vermerkt, geht auf das Jahr 1627 zurück, als Sir B. Rudyard erklärt: »this is the Crysis of Parliaments; we shall know by this if Parliaments live or die«. »Art. Crisis«, in: *The Oxford English Dictionary*, Bd. 4, Oxford 1989, S. 27.

53 Johann Heinrich Zedler, *Grosses vollständiges Universal-Lexicon*, Halle/Leipzig 1733, S. 1652.

mit vielen Bedeutungen belegt hätten; die sich daraus ergebende Verwirrung werde nun genau in seinem Zeitalter aufgelöst und neu geordnet: »Heut zu Tage nennt man ›Crisin‹ diejenige heilsame Wirkung der Natur, durch welche die Materie der Krankheit, welche zuvor zu ihrer Ausführung wohl zubereitet worden, durch gehörige und gewisse *emunctoria* aus dem Cörper geschafft und dieser dadurch von seinem Untergang und Krankheit befreiet wird.«[54] Somit diene die Krise ausschließlich dazu, die Heilung von einer Krankheit anzuzeigen, den heilsamen Ausgang, der das »Absondern« der Krankheit vom Körper zur Folge hat. An dieser Stelle unterscheidet Zedler zwischen einer »crisis imperfecta« (unvollkommene Krise), wenn die Natur den Auslöser der Krankheit von den edlen Teilen des Körpers in weniger edle Teile verschiebt, ohne sie jedoch gänzlich abzusondern, und einer »crisis perfecta« (vollkommene Krise), »wenn durch die natürlichen Bewegungen die ganze Ursache der Krankheit ausgeführt, und der Cörper also auf einmahl zu voriger Gesundheit gebracht wird.«[55] Es ist offenkundig, dass die Bedeutungsverschiebung der Definition, vom Moment des Urteils und der Entscheidung hin zum Resultat und Ausgang des Urteils, die Krise der *natürlichen* Regierung – oder vielmehr der Selbstregierung – des Körpers unterstellt. Das hier in Frage stehende Urteil bezieht sich aus-

54 Ebd.

55 Ebd., S. 1653.

schließlich auf die Diagnose des spontanen und auf Heilung hin orientierten Verlaufs, insofern der Organismus von Natur aus auf die Erhaltung des Lebens ausgerichtet ist: Die »vollkommene Krise« ist demnach die vollständige Heilung, andernfalls ist die Krise entweder unvollkommen oder aber es handelt sich nicht um eine Krise. Zedler löst die »Verwirrung«, die er dem Krisenbegriff in der antiken Medizin zuschreibt, also im Grunde genommen dadurch auf, dass er die Konzeption des Hippokrates wiederherstellt, wie sie sich von der modernen, durch Galen vermittelten unterscheidet. Weiter unten werden wir sehen, wie diese »naturalistische« Konnotation von Krise, die die Dynamik der obligatorischen Entscheidung zur äußersten Konsequenz eines Fehlens von Alternativen führt, in uns näherliegenden Zeiten auch außerhalb des medizinischen Bereichs ihre Anwendung findet.

Die medizinische Matrix der Krise, wie sie die Moderne übernommen und wie sie in den politischen Diskurs Eingang gefunden hat, ist hingegen eher die von De Bordeu auf den Spuren Galens in der *Encyclopédie* wiedergegebene. In dem sich so ausgestaltenden Dispositiv beanspruchte daher der *Konflikt* von Beginn an eine grundlegende Funktion. Innerhalb des Dispositivs der Krise ist der *Konflikt* das Symptom der die Ordnung infizierenden »Krankheit«; zugleich aber bezeichnet er auch das erste Stadium einer möglichen Heilung, da er im kritischen Zustand die Absonderung und Unterscheidung zwischen einem rettenden und einem tödlichen Verlauf bedingt. Der

Konflikt stellt die Bedingung der Möglichkeit der »Entscheidung« dar, die – und genau darin liegt der entscheidende Übergang – nur auf die Genesung und die Erhaltung des Lebens ausgerichtet sein kann. Der Austritt aus der Krise, ihr vollkommener Austrag, kann alleine eine Wiederherstellung derjenigen Ordnung bedeuten, die der Krankheit vorherging: Gesundheit und Leben. Mit diesem semantischen Spektrum hält der Begriff der Krise Einzug in die Moderne und umfasst daher auch einen bestimmten Konfliktbegriff. Koselleck schreibt: »Der Handlungsspielraum wird dann durch den Krisenbegriff auf eine Zwangslage eingeengt, in der die Handelnden nur einander restlos widersprechende Alternativen wählen können.«[56] Der Begriff der Krise könnte keine vollkommenere Alternative aufweisen: entweder Leben oder Tod. Insofern die Gesundheit der »Normalzustand« ist, der von Krise und Krankheit beeinträchtigt wird, entspricht der Entscheidung für das Leben die Entscheidung für die zuvor bestehende Ordnung.

Und dennoch bedingt der Übergang des Krisendispositivs in die Moderne das Schwinden der obligatorischen Entscheidung als dessen maßgebliche Operation, die auf den Erhalt des Lebens und der vor der Krankheit bestehenden Ordnung ausgerichtet war – sprich: die bisherige Bedeutung von Krise –, und das Moment der Entscheidung, der Wahl zwischen zwei tatsächlichen Alternativen, gewinnt die Oberhand. Es ist die revolutionäre Politik, die

---

56 Koselleck, Art. »Krise«, a.a.O., S. 626.

diesen neuen Gebrauch des Krisendispositivs bedingt. Die Moderne führt in die Krise die Möglichkeit des Neuen ein, wobei sich die Ausrichtung der »Revolution« auf die Zukunft zu dessen Träger macht: Die moderne Auffassung der Revolution – als Bruch, Diskontinuität, Entwurf und futurologische Projektion – verwandelt die Funktionsweise des Krisendispositivs, das nach und nach seine medizinischen Merkmale einbüßen und die Übernahme des Terminus in andere und verschiedenartige Kontexte erlauben wird. Daher ist es geboten, diesen Übergang etwas genauer unter die Lupe zu nehmen.

Am Beginn der Neuzeit reflektierte Niccolò Machiavelli bereits auf die Möglichkeit, dass die »Rückkehr zur Gesundheit« des politischen Körpers sich auch als eine »Erneuerung« ausgestalten könnte, die von einem »Krankwerden«, einer »Krise«, induziert wird:

> Es ist eine ausgemachte Wahrheit, dass alle Dinge auf der Welt ihre Lebensgrenze haben. Allein diejenigen durchleben den ganzen ihnen vom Himmel im Allgemeinen vorgezeichneten Lauf, welche ihren Körper nicht in Unordnung bringen, sondern ihn so in Ordnung halten, dass er nicht krank wird, oder wenn er krank wird, ihm dies zum Heile, nicht zum Verderben gereicht. Da ich nun hier von zusammengesetzten Körpern spreche, wie es die Republiken und Sekten sind, so sage ich, diejenigen Krankheiten gereichen ihnen zum Heil, die sie zu ihren Anfängen zurückführen. Die sind daher am besten geord-

> net und haben das längste Leben, welche vermittels ihrer Einrichtungen sich häufig erneuern können, oder aber durch einen äußeren Zufall zu dieser Erneuerung geführt werden. Es ist klarer wie der Tag, dass diese Körper, wenn sie sich nicht erneuern, keine Dauer haben.[57]

Erst mit der Aufklärung wird eine solche Umkehrung der Ausrichtung der Revolution tatsächlich auf den Prüfstand der Geschichte gestellt. Damit aber schwindet die Notwendigkeit, welche die Entscheidung für das Leben an den Erhalt der Ordnung gebunden hatte. Im *Gesellschaftsvertrag* schließt Jean-Jacques Rousseau nicht nur Krise und Revolution zusammen, sondern räumt auch – obgleich er die medizinische Metapher der Krise übernimmt – die Möglichkeit ein, dass die Rückkehr des politischen Körpers, des »Volkes«, zur Gesundheit auch durch die »Umbrüche« und »Umstürze« mitunter gewaltsamer Transformationen hindurch verlaufen könnte. Rousseau bedenkt diese Fälle gewiss nur als seltene Ausnahmen und bleibt davon überzeugt, dass die Erinnerung an die Vergangenheit davon abhalten sollte, die Veränderung der eigenen Ausgangsbedingung – so hoffnungslos diese bereits beschädigt sein mag – als nützlich oder heilsam anzusehen, schließt jedoch auch nicht grundsätzlich aus, dass die Wiederherstellung der Gesundheit eines kranken und korrumpierten Volkes in der Veränderung seine Heilung finden könnte:

---

57 Niccolò Machiavelli, *Vom Staate oder Betrachtungen über die ersten zehn Bücher des Titus Livius*, Karlsruhe 1832, S. 262f.

> Die Völker sind, so gut wie die Menschen, nur in ihrer Jugend gelehrig, im Alter werden sie unverbesserlich; wenn die Sitten erst einmal eingeführt sind und die Vorurteile eingewurzelt, ist es ein gefährliches und vergebliches Bemühen, sie abändern zu wollen; das Volk erträgt nicht einmal, dass man an seine Fehler rührt, um sie auszumerzen, jenen einfältigen und mutlosen Kranken vergleichbar, die beim Anblick des Arztes zittern. Wie einige Krankheiten den Menschen den Kopf verwirren und ihnen die Erinnerung an Vergangenes rauben, so gibt es gelegentlich im Bestehen der Staaten Epochen der Gewalt, in denen Revolutionen bei den Völkern dasselbe bewirken wie bestimmte Krisen bei den Individuen, in denen das Grauen vor dem Vergangenen an die Stelle des Vergessens tritt und der Staat, durch Bürgerkriege in Brand gesteckt, sozusagen aus seiner Asche wiederersteht und, den Armen des Todes entrinnend, die Kraft der Jugend wiedergewinnt.[58]

Unbeschadet der seit der Antike gesicherten Auffassung, dass die Krise im eigentlichen Sinne allein die Individuen betrifft und nur in Analogie dazu auf den politischen Körper übertragen werden kann, geht aus dieser Textpassage hervor, dass – und das wird, da es sich um Rousseau handelt, sicherlich nicht verwundern – der Zustand der Gesundheit stets auf einen ursprünglichen Zustand verweist,

---

[58] Jean-Jacques Rousseau, *Vom Gesellschaftsvertrag*, Stuttgart 1977, S. 97ff. (II, 8).

zu dem wieder zurückzufinden ist. Wenn auch nur unter sehr seltenen Umständen, kann es mitunter geschehen, dass die Revolution eine solche »Rückkehr« anstößt und dazu beiträgt, einen kranken Körper wiederherzustellen, »wieder aufzubauen«. Jedoch bringt sie dadurch – wie zum Beleg des Fortbestehens und der ungebrochenen Kraft des Dispositivs der griechischen *krísis* – noch kein *neues Leben* hervor:

> Aber solche Erscheinungen sind selten; es sind Ausnahmen, für die wir den Grund immer in der besonderen Verfassung des bewussten Staates finden. [...] Dann kann [das Volk] durch Unruhen zerstört, aber durch Revolutionen nicht wieder aufgebaut werden; und sobald seine Fesseln zersprengt sind, zerfällt es in verschiedene Teile und existiert nicht mehr.[59]

Dennoch wird bei Rousseau – wahrscheinlich zum ersten Mal – die Krankheit und nicht mehr die Gesundheit als der Zustand angesehen, von dem die Krise ihren Ausgang nimmt und auf den sie einwirkt. Die Erhaltung dieses Zustands würde jedenfalls mit Sicherheit zum Tode führen: Die Gesundheit bleibt zwar das Ziel, das es durch die Rückkehr zu einem Ursprungszustand zu verfolgen gilt, aber es lässt sich nicht mehr durch den Erhalt der gegenwärtigen Ordnung erreichen.

---

59 Ebd.

Dennoch bleibt, wie Koselleck in *Kritik und Krise* darlegt, der Gebrauch des Krisenbegriffs durch Rousseau in seiner Zeit ein isolierter Fall. Wenngleich das 18. Jahrhundert in die Französischen Revolution mündet, ist es eher das Jahrhundert der Kritik als das der Krise: »Bei der damals herrschenden Auffassung des Staates als eines Körpers hätte es an sich schon nahegelegen, den medizinischen Ausdruck der Krise auf das Gebiet des Politischen zu übertragen. Aber erst Rousseau war es, der diese Übertragung öffentlich vollzog: die Krise, von der er spricht, wird den großen politischen Körper erfassen, den ›Corps politique‹.«[60] Für die Zeitgenossen Rousseaus – die Aufklärer unter ihnen eingeschlossen – war es selbstverständlich, dass die medizinische und organische Matrix der Krise jene Trennung und jenen Dualismus, der es ermöglicht, ein Urteil als Stellungnahme Pro oder Contra auszusprechen, weder voraussetzte noch bedingte. Womöglich war sogar damals klarer als heute, dass die Krise keine Position außerhalb der herrschenden Macht vorsieht, von der Urteil und Entscheidung ausgehen könnten; das Urteil der Krise befindet sich hingegen stets innerhalb der Krisendynamik selbst und besitzt die Tendenz – wie wir bereits hervorgehoben haben – zu bestätigen und zu bekräftigen anstatt gegenüberzustellen und entgegenzusetzen. Es ist daher kein Zufall, dass der Begriff »Krise« mit Ausnahme von Rousseau und wenigen anderen während des 18.

---

60 Reinhart Koselleck, *Kritik und Krise. Eine Studie zur Pathogenese der bürgerlichen Welt*, Frankfurt/Main 1973, S. 140.

Jahrhunderts im politischen Bereich nur äußerst selten Verwendung findet,[61] während der Begriff der »Kritik« dort alleine vorherrschend ist: »Der Ausdruck der ›Krise‹ ist dagegen im achtzehnten Jahrhundert höchst selten verwandt worden und in keiner Hinsicht ein für damals zentraler Begriff. Dieser Tatbestand ist keineswegs von statistischer Zufälligkeit, sondern steht mit der Vorherrschaft der Kritik in einem spezifischen Zusammenhang«[62]. Folglich lassen sich die beiden Begriffe nur sehr oberflächlich und unzureichend miteinander vergleichen. Obwohl beide denselben forensischen Ursprung haben, geht »Krise« sofort vollständig in den medizinischen Wortschatz ein und wird darin verwurzelt, während »Kritik/kritisch« einer anderen Genealogie zuzuordnen ist. Das »Urteilsvermögen« der Kritik wird bereits in der Antike und in der Folge im Mittelalter zu einer charakteristischen Besonderheit der Philologie, der Bibelexegese, der Logik und der Ästhetik.[63]

Es ist die Kritik und nicht die Krise, die die Französische Revolution vorbereitet, obgleich – darin liegt die Hauptthese Kosellecks – die Aufklärer dazu neigen, die politische Reichweite ihrer sogenannten »moralischen« Kritik »hypokritisch« zu verbergen, die sich nur deshalb

---

61 »Nicht in den Publikationen der Fortschrittler taucht der Terminus auf, sondern bei den Philosophen mit zyklischer Geschichtskonstruktion: bei Rousseau [...] und bei seinem gehassten Freunde Diderot.« Ebd., S. 134.

62 Ebd., S. 196 (FN 151).

63 Vgl. Kurt Röttgers, »Art. Kritik«, in: *Geschichtliche Grundbegriffe*, a.a.O., S. 651-675.

als solche bezeichnet, da sie aus dem Außerhalb des Staates und der Politik entsteht:

> Insoweit ist der Begriff der Krise ein Begriff, der eine Geschehenseinheit erfasst, der keinen Raum lässt für dualistische Aufspaltungen, die einen außerstaatlichen Bereich unberührt lassen. Aber der Begriff der Krise mit dem Sinn der politischen Anarchie, den Rousseau damit verbunden hat, die Krise als Auflösung jeder Ordnung, als Zusammensturz aller Besitzverhältnisse, der mit Erschütterungen und unvorhersehbaren Unruhen verbunden sein wird, die Krise als politische Krise des gesamten Staates war nun keineswegs die zentrale Bedeutung des Begriffs, in dem sich das bürgerliche Krisenbewusstsein niedergeschlagen hätte. Das vorrevolutionäre Krisenbewusstsein speist sich vielmehr aus der dem Bürgertum im absolutistischen Staat spezifischen Art der politischen Kritik.[64]

Die Kritik bringt eine der herrschenden Macht äußerliche Position hervor, die das Urteil und die Infragestellung dieser Macht selbst erlaubt. Aus der aufklärerischen Kritik – die aus einer dem politischen Körper äußerlichen Position hervorgeht, der einen potenziell zu ihm alternativen Teil von diesem abtrennt, abspaltet, »ab-sondert« – entspringt der politische Begriff der Krise als »Letztentscheidung«, und nicht umgekehrt. Koselleck bringt das klar und deut-

---

64 Koselleck, *Kritik und Krise*, a.a.O., S. 140f.

lich zum Ausdruck: »Aus dem ›Pour et Contre‹ des kritischen Prozesses wird, nachdem einmal der Staat in den Prozess verwickelt ist, das Entweder-Oder einer Krise, die die politische Entscheidung unentrinnbar herbeizwingt.«[65] Die »entscheidende Krise« ist das politische Produkt der Kritik und wird, so könnte man hinzufügen, als solches die moderne Auffassung von Krise prägen.

Dieser spezifisch moderne Begriff von Krise – und genau dieser Krisenbegriff gibt das Modell für die Analysen Kosellecks ab, die wir bis hierhin berücksichtigt haben – büßt schließlich nahezu vollständig jene medizinischen und biologischen Konnotationen ein, die ihn bis zu diesem Zeitpunkt ausgemacht hatten.[66] Das ist wahrscheinlich auch der Grund dafür, dass Koselleck schreiben kann, dass der Krisenbegriff sich heute »in die Ungewissheit beliebiger Alternativen verflüchtigt« habe. Demgegenüber ließe sich behaupten, dass es gerade der »moderne Begriff« der Krise ist, der die Fähigkeit des Zugriffs auf die

---

65 Ebd., S. 144f.

66 Dabei ist jedoch der merkwürdige Umstand zu berücksichtigen – merkwürdig insofern, als Koselleck nachdrücklich auf der Unterscheidung eines (vorrevolutionären) medizinischen Gebrauchs von einem (nachrevolutionären) politischen Gebrauch des Krisenbegriffs beharrt –, dass sich der Untertitel von *Kritik und Krise* eines medizinischen Terminus bedient: *Eine Studie zur Pathogenese der bürgerlichen Welt*. Im *Vorwort zur Taschenbuchausgabe* von 1973 sieht Koselleck sich daher zu der lapidaren Feststellung veranlasst: »Dass der Untertitel einer Pathogenese unserer Moderne seine Evidenz nicht aus der biologischen Metapher bezieht, sondern aus dem Leiden, das zu diagnostizieren neue Kriterien fordert, bedarf keiner weiteren Erläuterung.« Ebd., XI.

zeitgenössische Wirklichkeit, Gesellschaft und Politik eingebüßt hat.[67] Wie derjenige Autor, der in *Kritik und Krise* des Öfteren zitiert und dem darin als maßgeblicher Gesprächspartner gedankt wird, Carl Schmitt,[68] schreibt auch Koselleck der Krise nur dann eine politische Reichweite zu, wenn sie zur »Entscheidung« führt und sich in deren Wirklichkeit und Konkretheit hinein »auflöst«. In der Ordnung des Diskurses von Koselleck verhält es sich, als teilten sich Kritik und Krise das Feld des semantischen Spektrums des griechischen Verbs *krínein* untereinander auf: Die Kritik »urteilt« – und die Krise »entscheidet« politisch. In einem ergänzenden Text von 1985 bestimmt Koselleck das semantische Modell der Krise noch einschlägiger und eindeutiger als »Letztentscheidung« und zögert dabei nicht, auf die Figur des Katechon aus der politischen Theologie Schmitts als einer »Antwort« auf den Untergang zurückzugreifen, der heute aus der Unfähigkeit der Politik folgt,

---

67 Für eine Analyse der gegenwärtigen Krise, die in Anlehnung an den modernen Krisenbegriff durchgeführt wird, vgl. Myriam Revault d'Allonnes, *La crise sans fin. Essai sur l'expérience moderne du temps*, Paris 2012.

68 Vgl. Koselleck, *Kritik und Krise*, a.a.O., XII. Zum intensiven Verhältnis von Koselleck und Schmitt, das bis zum Tod des Letzteren angedauert hat, vgl. Reinhard Mehring, »Begriffsgeschichte mit Carl Schmitt«, in: Hans Joas/Peter Vogt (Hg.), *Begriffene Geschichte. Beiträge zum Werk Reinhart Kosellecks*, Frankfurt/Main 2011, S. 138-168. Vgl. des Weiteren zum Verhältnis Koselleck-Schmitt, aber auch zu den Entwicklungen und Transformationen des Krisenbegriffs, die sich gegenüber seiner rein »politischen« Bestimmung im weiteren Verlauf der Reflexion Kosellecks aufweisen lassen, Gennaro Imbriano, *Le due modernità. Critica, crisi e utopia in Reinhart Koselleck*, Rom 2016.

die Letztentscheidung herbeizuführen. Während das Jüngste Gericht das theologische Modell der Letztentscheidung gebildet hatte, untersteht das letzte Ende jetzt nicht mehr der Verfügbarkeit der politischen Entscheidung, der damit keine andere Macht bleibt, als ein Ende aufzuhalten und zu verschieben, über das nicht mehr die Politik mit ihrem modernen Paradigma der Krise entscheidet: »So stellt sich die Frage, ob unser semantisches Modell der Krise als einer Letztentscheidung nicht mehr Chancen der Verwirklichung erhalten hat als jemals zuvor. Wenn dem so ist, käme alles darauf an, alle Kräfte darauf zu richten, den Untergang zu verhindern. Das Katechon ist auch eine theologische Antwort auf die Krisis.«[69]

In dem Moment, da die moderne Politik nicht mehr das Vorrecht besitzt, die »Letztentscheidung« der Krise herbeizuführen, verändert sich auch die Funktion des Urteils der Kritik. Als ein Urteil ohne Entscheidung erweist sich die politische Kritik als unwirksam und läuft Gefahr, sich in einer – immer weiter verbreiteten und immer weniger einflussreichen – reinen Ausübung um ihrer selbst willen zu verlieren, die der Verwaltung der Krise als Regierungskunst untersteht. Friedrich Nietzsche hatte eine solche Entartung der modernen Kritik schon zur Zeit seiner *Zweiten Unzeitgemäßen Betrachtung* (1874) ausgemacht:

69 Reinhart Koselleck, »Einige Fragen an die Begriffsgeschichte von ›Krise‹«, in: ders., *Begriffsgeschichten. Studien zur Semantik und Pragmatik der politischen und sozialen Sprache*, Frankfurt/Main 2006, S. 203-217, hier S. 216.

»Nie aber hört ihre kritische Feder auf zu fließen, denn sie [die Kritiker] haben die Macht über sie verloren und werden mehr von ihr geführt anstatt sie zu führen.«[70].

[70] Nietzsche, Vom Nutzen und Nachteil der Historie für das Leben, a.a.O., S. 285.

2. Neues Leben: Der Gebrauch der Krise bei Marx

Noch im Rahmen der medizinischen Bedeutung von Krise hatte Rousseau einen Wandel in der Wahrnehmung desjenigen Zustands eingeleitet, auf den die Krise einwirkt – von der Gesundheit hin zur Krankheit –, und damit auch eine wesentliche Änderung im Gebrauch ihres Dispositivs verursacht. Damit die Krise in der Moderne aber eine ungeschmälert »politische« Bedeutung annehmen und damit eine Diskontinuität gegenüber dem ausschließlich medizinischen und juridischen Gebrauch der griechischen *krísis* einsetzen konnte, musste sie von der Kritik die »Letztentscheidung« des aufklärerischen Tribunals und von der Französischen Revolution jenes »neue Leben« in sich aufsaugen, das die Zirkularität der Rückkehr zum ursprünglichen Gesundheitszustand als einzige Möglichkeit der Genesung von der Krankheit aufbrach. Dem Kritizismus Kants, der in der Vorrede zur ersten Auflage der *Kritik der reinen Vernunft* von 1781 auch Religion und Staat nicht mehr vom Gerichtshof der Vernunft ausschließt,[71]

---

[71] »Unser Zeitalter ist das eigentliche Zeitalter der *Kritik*, der sich alles unterwerfen muss. *Religion*, durch ihre *Heiligkeit*, und *Gesetzgebung*, durch ihre *Majestät*, wollen sich gemeiniglich derselben entziehen. Aber alsdann erregen sie gerechten Verdacht wider sich, und können auf unverstellte Achtung nicht Anspruch machen, die die Vernunft nur demjenigen bewilligt, was ihre freie und öffentliche Prüfung hat aushalten können.« Immanuel Kant, »Kritik der reinen Vernunft«, in: ders., *Werke in sechs Bänden*, Bd. II, Darmstadt 1956, S. 13 (FN1). Foucault führt auf Kant auch eine Einstellung der Kritik

entspricht eine Konzeption der Krise als »regenerative Krankheit« und Motor des Fortschritts, wie sie Saint-Simon unmittelbar nach der Revolution darlegen wird: »Die Revolutionen sind schreckliche und zugleich unvermeidliche Übel. Die großen Fortschritte des menschlichen Geistes sind stets das Ergebnis großer Krisen; und diese Fortschritte bereiten neue Krisen vor.«[72]

Während sich die Krise im modernen politischen Diskurs also als »Letztentscheidung« und Möglichkeit des »Neuen« ausprägt, wird sie in den ökonomischen Diskurs – in größerer Kontinuität zu ihrer antiken Bedeutung – gerade mit jener medizinischen Matrix übernommen, die ihr Dispositiv auf Selbsterhaltung hin ausrichtet. Die Wirtschaftskrisen bekunden im Allgemeinen und im höchsten Grade das Ungleichgewicht und die Unterscheidung zwischen einem gesunden und einem kranken Zustand des kapitalistischen Marktsystems und zeigen damit auch eindeutig den Weg ihrer Auflösung an. Voraussetzung dafür bleibt jedoch, dass der zu bewahrende und zu bekräftigende Zustand demjenigen entspricht, der das Überleben und den Fortbestand des Systems sowie seiner Ordnung sichert. Karl Marx war der erste, der in den ökonomischen Diskurs – in das Krisendispositiv ökonomischer Art – jene

als »Erkenntnis der Erkenntnis« zurück, die zu Formen der Rationalisierung und Technisierung geführt haben, unter die auch die Gouvernementalität einzureihen wäre. Vgl. Michel Foucault, *Was ist Kritik?*, Berlin 1992.

72 Henri de Saint-Simon, *Œuvres choisies*, Bd. 1, Brüssel 1859, S. 210.

»politischen« Qualitäten einzuführen versuchte, die für den Übergang der Krise zur Moderne und ihren Revolutionen bezeichnend sind: und zwar zuallererst die Möglichkeit des »Neuen«, einer politischen Alternative, die sich auch tatsächlich als eine solche ausgestaltet und auftritt; einer Alternative, die sich vermittels der Ausübung der Kritik herausbildet, deren politisches Resultat und deren »Parteinahme« für den jungen Marx bereits explizit hervortreten: »Es hindert uns also nichts, unsre Kritik an die Kritik der Politik, an die Partheinahme in der Politik, also an *wirkliche* Kämpfe anzuknüpfen und mit ihnen zu identificiren.«[73] Es ließe sich die These vertreten, dass die politische Kritik des jungen Marx die radikalste Explikation dessen bedeutet, was bereits in der aufklärerischen Kritik enthalten ist – »in der Kritik liegt die Krise verborgen«[74] –, indem er die politische Entscheidung direkt aus dem Urteil der Kritik hervorgehen lässt. Die Kritik wird damit zur Trägerin einer politischen Alternative. Was Marx in den Folge-

---

73 Karl Marx, »Briefe aus den ›Deutsch-Französischen Jahrbüchern‹« (1843). in: *MEGA* Bd. I/2, Berlin 1981, S. 488. In demselben Brief an Arnold Ruge vom September 1843 (ebd., S. 486f.) heißt es: »Indessen ist das gerade wieder der Vorzug der neuen Richtung, dass wir nicht dogmatisch die Welt anticipiren, sondern erst aus der Kritik der alten Welt die neue finden wollen. [...] Ist die Construction der Zukunft und das fertig werden für alle Zeiten nicht unsere Sache; so ist desto gewisser, was wir gegenwärtig zu vollbringen haben, ich meine *die rücksichtslose Kritik alles Bestehenden*, rücksichtslos sowohl in dem Sinne, dass die Kritik sich nicht vor ihren Resultaten fürchtet und eben so wenig vor dem Conflikte mit den vorhandenen Mächten«.

74 Koselleck, *Kritik und Krise*, a.a.O., S. 86.

jahren entwickeln wird, ist daher eine »Kritik« des kapitalistischen Gebrauchs der Krise; diese »Kritik« ermöglicht es ihm, einen politisch alternativen Gebrauch des Dispositivs der Wirtschaftskrise zu entwerfen, dessen »medizinische« Herkunft und Funktionsweise dabei jedoch bestehen bleiben.

Im *Manifest der Kommunistischen Partei* greifen Marx und Engels folgerichtig auf den Begriff der Epidemie zurück, um die Virulenz zu beschreiben, mit der die ökonomischen Krisen nicht nur die Waren zerstören, sondern auch und insbesondere die von den kapitalistischen Verhältnissen in der industriellen Produktion hervorgebrachten Produktivkräfte. Die Krisen – Marx und Engels beziehen sich insbesondere auf die Handelskrisen – betreffen schließlich die gesamte Gesellschaft und damit die »Bevölkerung«. Damit aber sieht sich die soziale und politische Herrschaft der Bourgeoisie bedroht:

> In den Krisen bricht eine gesellschaftliche Epidemie aus, welche allen früheren Epochen als ein Widersinn erschienen wäre – die Epidemie der Überproduktion. Die Gesellschaft findet sich plötzlich in einen Zustand momentaner Barbarei zurückversetzt; eine Hungersnot, ein allgemeiner Vernichtungskrieg scheinen ihr alle Lebensmittel abgeschnitten zu haben.[75]

---

75 Karl Marx/Friedrich Engels, »Manifest der Kommunistischen Partei«, in: *MEW* Bd. 4, Berlin 1972, S. 468.

Wir konnten bereits bei Foucault verfolgen, dass der Begriff »Krise« Verwendung fand, um die Epidemien des 17. und 18. Jahrhunderts zu erfassen; auf dieses Zeitalter (mit seinen Epidemien und Hungersnöten) muss man auch zurückgreifen, um bestimmen zu können, wie sich medizinisches und ökonomisches Wissen um die Krise herum anlagern, ausgestalten und miteinander verflechten, die genau zu jener Zeit – mit der Einrichtung öffentlicher Hygiene und der Durchsetzung der merkantilistischen Doktrin gegen die physiokratische – eine entscheidende Umgestaltung erlebten. Berücksichtigen wir, dass sich diese Erbschaft auch heute noch niederschlägt, wenn die Ausbreitung der Wirtschaftskrise in Begriffen der »Ansteckung« beschrieben wird, ist es noch weniger als ein Zufall zu betrachten, dass Marx und Engels die kapitalistischen Krisen mit einer Epidemie vergleichen. Dieser epidemische Charakter erscheint indes als eigentümlicher Charakterzug kapitalistischer Wirtschaft, deren Ausbreitung und Entartung funktional auf die Wiederherstellung und Festigung des Verhältnisses bürgerlicher Herrschaft bezogen ist. Marx und Engels sehen das dem bürgerlich-kapitalistischen System angepasste Dispositiv der Krise daher gerade als abhängig von der Regierung an, d. h. von der Neugewichtung der Disproportion zwischen den herrschenden Produktionsverhältnissen und den diese übersteigenden Produktivkräften:

> Die bürgerlichen Verhältnisse sind zu eng geworden, um den von ihnen erzeugten Reichtum zu fassen. – Wodurch überwindet die Bourgeoisie die Krisen? Einerseits durch die erzwungene Vernichtung einer Masse von Produktivkräften; andererseits durch die Eroberung neuer Märkte und die gründlichere Ausbeutung alter Märkte. Wodurch also? Dadurch, dass sie allseitigere und gewaltigere Krisen vorbereitet und die Mittel, den Krisen vorzubeugen, vermindert.[76]

Ohne dabei hier ins Detail gehen zu können, heben Marx und Engels bekanntlich die Zyklizität der kapitalistischen Krisen und ihre wesentliche Funktion für die Restrukturierung des Systems selbst hervor. Im *Manifest* halten Marx und Engels also alles in allem an der bürgerlichen Auffassung der Wirtschaftskrisen, an der sogenannten »Zyklentheorie«, fest. Die Krisen signalisieren die Ungleichgewichte des kapitalistischen Wirtschaftssystems, auf die das System antwortet, indem es das Gleichgewicht, d. h. die Regelmäßigkeit des Zyklus, wiederherstellt. Die Krisen sind Krankheiten, die den Gesundheitszustand des Systems stören, seinen Normalzustand, zu dem es zurückzufinden gilt. Aber nicht nur das: Wie es Marx und Engels anprangern, gestalten sie sich auch funktional zur Restrukturierung und Potenzierung des Systems aus, das zu seiner Erhaltung »allseitigere und gewaltigere Krisen vor-

---

[76] Ebd.

bereitet« und sich zugleich – wie eine Epidemie – bis an die Grenzen des Weltmarktes ausweitet. Obgleich die Wirtschaftskrisen bei Marx und Engels alles andere als zufällig und kontingent erscheinen, insofern sie dem System strukturell zugehören, bleiben sie doch auch dem Wirtschaftszyklus immanente Momente, und zwar als der Modus, in dem die bürgerliche politische Ordnung auf die Krankheit reagiert, sich erhält und ihre Gesundheit wiederherstellt. Die Krisen sind demnach als Eigenschaften der Regierungskunst der Bourgeoisie anzusehen.

Wenige Jahre nach der Veröffentlichung des *Manifests* macht Marx in *Der 18. Brumaire des Louis Bonaparte* von 1852 auch in den »revolutionären Krisen« die gänzlich bürgerliche Tendenz zur zyklischen Wiederholung der Geschichte aus, einer Rückkehr zur Vergangenheit, um die Transformationen der Gegenwart zu bestätigen und zu rechtfertigen. Während Krisen im Bereich der Ökonomie dahin tendieren, die gegebene Ordnung wiederherzustellen oder sogar zu stärken – darin besteht der positive Effekt ihrer »Revolution« – endet eine sich »politisch« gebende »revolutionäre Krise« hingegen als Farce, wenn sie in der Wiederholung der Vergangenheit eine geschichtliche Legitimation für die Transformation der Gegenwart sucht:

> Hegel bemerkt irgendwo, dass alle großen weltgeschichtlichen Thatsachen und Personen sich so zu sagen zweimal ereignen. Er hat vergessen hinzuzufügen: das eine Mal als große Tragödie, das andre Mal als lumpige Farce.

> [...] Die Tradition aller todten Geschlechter lastet wie ein Alp auf dem Gehirne der Lebenden. Und wenn sie eben damit beschäftigt scheinen, sich und die Dinge umzuwälzen, noch nicht Dagewesenes zu schaffen, gerade in solchen Epochen revolutionärer Krise beschwören sie ängstlich die Geister der Vergangenheit zu ihrem Dienste herauf, entlehnen ihnen Namen, Schlachtparole, Kostüme, um in dieser altehrwürdigen Verkleidung und mit dieser erborgten Sprache die neue Weltgeschichtsszene aufzuführen.[77]

Damit sich eine gesellschaftliche Revolution tatsächlich ereignen und durchsetzen kann, muss sie sich daher deutlich vom zeitlichen Verlauf bürgerlicher Revolutionen unterscheiden. Auf das Entschwinden des stürmischen Drangs der bürgerlichen Revolution folgt nicht der Umsturz der Ordnung, sondern Katzenjammer und Abgeschlagenheit, wie sie nach einem Vollrausch oder einer Krankheit auftreten. Der Gesellschaftskörper wird nicht zu neuem Leben wiedergeboren, sondern geht ermattet und anfällig für weitere Krankheiten aus ihr hervor, die ihn in der Folge unverzüglich befallen werden:

> Bürgerliche Revolutionen, wie die des achtzehnten Jahrhunderts, stürmen rasch von Erfolg zu Erfolg, ihre dramatischen Effekte überbieten sich, Menschen und Dinge

---

[77] Karl Marx, »Der 18. Brumaire des Louis Bonaparte«, in: *MEGA* Bd. I/11, Berlin 1985, S. 96f.

> scheinen in Feuerbrillanten gefasst, die Extase ist der Geist jedes Tages; aber sie sind kurzlebig, bald haben sie ihren Höhepunkt erreicht und ein langer Katzenjammer erfasst die Gesellschaft, ehe sie die Resultate ihrer Drang- und Sturmperiode nüchtern sich aneignen lernt.[78]

Um von Erfolg gekrönt zu sein, muss die proletarische Revolution zuallererst mit der Tendenz zur zyklischen Wiederholung der Geschichte brechen, sich von der Wiederholung der Vergangenheit abwenden und direkt der Zukunft sich zukehren:

> Proletarische Revolutionen dagegen, wie die des neunzehnten Jahrhunderts, kritisieren beständig sich selbst, unterbrechen sich fortwährend in ihrem eignen Lauf, kommen auf das scheinbar Vollbrachte zurück, um es wieder von Neuem anzufangen, verhöhnen grausam-gründlich die Halbheiten, Schwächen und Erbärmlichkeiten ihrer ersten Versuche, scheinen ihren Gegner nur niederzuwerfen, damit er neue Kräfte aus der Erde sauge und sich riesenhafter ihnen gegenüber wieder aufrichte, schrecken stets von Neuem zurück vor der unbestimmten Ungeheuerlichkeit ihrer eignen Zwecke, bis die Situation geschaffen ist, die jede Umkehr unmöglich macht.[79]

---

78 Ebd., S. 101.

79 Ebd., S. 101f.

Wenige Jahre später versteht Marx, dass man auf die ökonomische Ebene einzuwirken hat, auf der die Herrschaft und Ausbeutung der Klasse entsteht und sich ausprägt, damit eine wahrhaft proletarische Revolution in der Geschichte anbrechen kann. Daher ist es vonnöten, mit denselben Dispositiven der kapitalistischen Wirtschaft zu operieren und dabei die Modalitäten ihres Gebrauchs umzuwandeln. Im Gegensatz zu dem, was er noch im *Manifest* vertreten hatte, entwickelt Marx deshalb eine Theorie der Wirtschaftskrisen, die den Versuch unternimmt, das Dispositiv im revolutionären Sinne umzugestalten. In den *Grundrissen*, in denen er die Wirtschaftskrise von 1857 als »entscheidend« für das Schicksal des Kapitals betrachtet, entwickelt er im Rahmen dieser Konstellation eine alternative Krisentheorie zu jener, die diese ausschließlich als Funktion der zyklischen Wiederherstellung des Systems ansieht: Die Krise bringt die Möglichkeit des Umsturzes des Systems selbst mit sich. Marx entzieht so der Bourgeoisie den exklusiven Gebrauch des Krisendispositivs, um es gegen diese zu wenden: Er entreißt die Krise ihrer Verortung im Inneren des kapitalistischen Wirtschaftszyklus und macht sie zu einem autonomen Moment: dem Moment des unheilbaren Bruchs und Abreißens des Zyklus.

Die Ordnung des Diskurses verschiebt sich demnach von der historisch-politischen auf die ökonomische Ebene – und das Vokabular der Krise nimmt medizinische Konnotationen an. Marx übernimmt dasselbe Dispositiv der Krise, das bereits im Kapitalismus am Werke ist, kehrt jedoch dessen Termini um: Der Gesundheitszustand des kapitalistischen Systems – was beinahe wie ein Echo Rousseaus klingt – ist bereits angegriffen, die Krankheit ist zu seiner »Norm« geworden. Der Kapitalismus ist krank, und der Verlauf seiner Krankheit führt unausweichlich – aus einer inneren Notwenigkeit heraus – zu dessen Auslöschung, wie es das *Gesetz vom tendenziellen Fall der Profitrate* anzeigt. Die Heilung der Krankheit folgt hingegen nicht mehr dem Verlauf der Wiederherstellung und der Rückkehr zum Gleichgewicht, sondern führt zu einer »neuen« Ordnung, zu einem »neuen« und anderen Gesundheitszustand: Auf diese Weise lenkt Marx das Dispositiv der Krise in die Richtung einer Erschaffung von »noch nicht Dagewesenem«. Deshalb ist auch die Revolution nun nicht mehr rückwärtsgerichtet. Indem er das Neue als intrinsisches Element der Krise erkennt, wendet Marx die politische Ausgestaltung der Krise auf die Wirtschaftskrise an. Und dennoch ist dieses »Neue« gerade deshalb in der Lage, das System zu stürzen und die Gesellschaft zu erneuern, weil es *innerhalb* des kapitalistischen Systems seinen Ursprung hat: das *Proletariat*, das schon von seiner Etymologie ausgehend die Fähigkeit anklingen lässt, »Leben zu erzeugen«, die Fähigkeit zur »Reproduktion und Fortpflanzung«.

Das medizinische Vokabular stellt folglich weit mehr dar als nur ein einfaches Erbe der ursprünglichen Form der Krise. Der folgende Abschnitt aus den *Grundrissen* liest sich tatsächlich fast wie eine medizinische Prognose:

> In schneidenden Widersprüchen, Crisen, Krämpfen, drückt sich die wachsende Unangemessenheit der productiven Entwicklung der Gesellschaft zu ihren bisherigen Productionsverhältnissen aus. Gewaltsame Vernichtung von Capital, nicht durch ihm äußere Verhältnisse, sondern als Bedingung seiner Selbsterhaltung ist die schlagendste Form, worin ihm advice gegeben wird to be gone and to give room to a higher state of social production.[80]

Es sind jedoch nicht allein die verwendeten Begriffe, die eine medizinische Interpretation dieses Abschnitts nahelegen, sondern auch der beschriebene Krisenverlauf selbst: Dieser wird von der »Selbsterhaltung« des Kapitalismus geführt, die einer seinem Organismus »innerlichen« Evolution folgt, bis hin zu seinem Aussterben. Es scheint beinahe, als sei der Kapitalismus dazu verurteilt, einer Autoimmunkrankheit zu erliegen.[81] Was diese marxsche Auffassung von Krise also letztlich mit der kapitalistischen gemein hat, ist das *Fehlen einer Alternative*: ihr Gebrauch ist ein anderer, das Dispositiv jedoch bleibt dasselbe. Bei Marx wird der notwendig erfordernde Charakter des Dispositivs der ökonomischen Krise zum Zwecke der proletarischen Revolution wieder in einem politischen Sinne umfunktioniert.

---

80 Karl Marx, »Grundrisse der Kritik der politischen Ökonomie«, in: *MEGA* Bd. II/1.2, Berlin 1981, S. 623.

81 Zur biopolitischen Bedeutung des »immunitären« Dispositivs vgl. Roberto Esposito, *Immunitas. Schutz und Negation des Lebens*, Berlin 2004.

3. Krise als Interregnum: Gramsci

Auf der Ebene des marxschen Gebrauchs des Krisendispositivs lässt sich auch Antonio Gramsci verorten, der diesem jedoch von neuem die Bedeutung der griechischen *krísis* als »Erhaltung der Ordnung« einzuschreiben scheint. Erneut ist der Gesellschaftskörper von einer »tödlichen Gefahr« bedroht. Wenngleich er dabei andere Begriffe verwendet, wiederholt Gramsci im Wesentlichen den aristotelischen Ansatz einer »Regierung der Krise« und schreibt den »Gebrauch der Krise« den Regierenden zu: Auch wenn dieser nicht unmittelbar ihr Vorrecht darstellt, fällt ein solcher Gebrauch doch hauptsächlich in ihren Verfügungsbereich. Gramsci bestimmt jene Krise, die von der herrschenden Klasse regiert und verwaltet wird, ohne dass dabei ihre Hegemonie in Frage gestellt würde, ausdrücklich als »organisch«. Die Krise stellt angesichts einer »tödlichen Gefahr« sogar eine Gelegenheit dafür dar, den Gesellschaftskörper unter der »Fahne einer Einheitspartei« – man könnte sie auch als »Partei des Lebens« bezeichnen – zusammenzufassen:

> Die Krise schafft gefährliche unmittelbare Situationen, weil die verschiedenen Bevölkerungsschichten nicht dieselbe Fähigkeit besitzen, sich rasch zu orientieren und sich mit derselben Schnelligkeit zu reorganisieren. Die traditionell führende Klasse, die über ein zahlenmäßig

> starkes geübtes Personal verfügt, wechselt Menschen und Programme aus und gewinnt die Kontrolle wieder, die ihr mit größerer Geschwindigkeit zu entgleiten im Begriff war, als das bei den subalternen Klassen geschieht; sie bringt womöglich Opfer, setzt sich mit demagogischen Versprechungen einer ungewissen Zukunft aus, behält aber die Macht, verstärkt sie für den Augenblick und bedient sich ihrer, um den Gegner zu zerschmettern. [...] Das Überwechseln der Truppen vieler Parteien unter die Fahne einer einzigen Partei, welche die Bedürfnisse der Gesamtklasse besser vertritt und zusammenfasst, ist eine organische und normale Erscheinung [...]: es stellt die Verschmelzung einer ganzen gesellschaftlichen Gruppe unter einer einzigen Führung dar, die als einzige für fähig gehalten wird, ein existentiell dominantes Problem zu lösen und eine tödliche Gefahr abzuwenden.[82]

Die »organische Krise« könnte damit derjenigen entsprechen, die Zedler als »vollkommene Krise« bezeichnet hatte, insofern die führende Klasse oder die Regierenden *von Innen her* die eigene Hegemonie wiederherstellen und verstärken. Gramsci sieht aber auch einen anderen Gebrauch der Krise vor, die man mit Zedler als »unvollkommene Krise« bestimmen könnte, insofern sie nicht organisch ist und die »tödliche Gefahr« mit dem Auftritt eines

---

[82] Antonio Gramsci, *Gefängnishefte*, Bd. 7, Hamburg 1996, S. 1578f. (H. 13, 23).

charismatischen Führers *von außen* gesteuert und die Ordnung extern wiederhergestellt wird:

> Wenn die Krise nicht diese organische Lösung, sondern die des charismatischen Führers findet, bedeutet dies, dass ein statisches Gleichgewicht besteht [...], das zu überwinden keine Gruppe, weder die konservative noch die fortschrittliche, die für den Sieg erforderliche Kraft hat, und dass auch die konservative Gruppe einen Herrn braucht.[83]

Gramsci nutzt den Begriff einer nicht-organischen Krise, um damit die Durchsetzung des Faschismus in Italien zu erklären. Er bezieht sich dabei auf Marx' *18. Brumaire* sowie auf den Aufstieg Louis Bonapartes als »nicht-organisches« Resultat der »organischen« Konterrevolution, wie sie von der bürgerlichen »Partei der Ordnung« nach 1848 angeführt wurde. Der »Bonapartismus«, dessen Erbe der Faschismus ist (der jedoch ebenso, wie zu sehen sein wird, die Matrix der heutigen Populismen abgeben könnte), betritt in dem Augenblick die politische Bühne, wo eine Situation des Stillstands im Klassenkampf das Auftauchen einer »unorganischen Masse« des Volkes jenseits aller Klassen begünstigt.[84] Die nicht-organische Auflösung der Krise ist daher durch das direkte Verhältnis zwischen der

---

83 Ebd., S. 1579.

84 Vgl. Marx, »Der 18. Brumaire des Louis Bonaparte«, a.a.O., S. 116.

Individualität des charismatischen Führers und der Masse charakterisiert, das von den Klassenverhältnissen absieht und deren Regierung in der organischen Krise vertritt.

Man könnte nun annehmen, dass die organische Krise im Wesentlichen der marxschen Version eines bürgerlichen Gebrauchs der kapitalistischen Krise entspräche. Bei Gramsci eröffnet die Hegemonialkrise der führenden Klasse jedoch nur schwerlich die Möglichkeit eines alternativen Krisengebrauchs und verleiht auch nicht dem Symptom eines neuen gesellschaftlichen Lebens Ausdruck, das von innen her als Behandlung der Krankheit wirken könnte. Wie bei Marx kehrt die Krise natürlich auch für Gramsci das gewöhnliche Verhältnis zwischen Leben und Tod, zwischen Gesundheit und Krankheit um, indem sie einen *Schwebezustand zwischen dem bevorstehenden Tod und einem neuen Leben, das noch nicht geboren wird*, einsetzt. Aber – und darin liegt der grundlegende Unterschied zu Marx – die Möglichkeit eines neuen Lebens entsteht nicht im »Inneren« der Krise: »Die Krise besteht gerade in der Tatsache, dass das Alte stirbt und das Neue nicht zur Welt kommen kann: in diesem Interregnum kommt es zu den unterschiedlichsten Krankheitserscheinungen.«[85] Im Interregnum ist es gerade das Verharren des Alten, das die Ankunft des Neuen hinausschiebt, das daher in diesem Krisenkontext nicht zur Welt kommen »kann«. Mehr noch: Die Krise begünstigt nicht nur das

---

[85] Antonio Gramsci, *Gefängnishefte*, Bd. 2, Hamburg 1991, S. 354 (H. 3, 34).

Entstehen des Neuen nicht, sie hält es auf und bremst es aus.

Die Funktion der Krise lässt sich auf der Grundlage des »Gebrauchs« bestimmen, der von ihrem Dispositiv gemacht wird. Gramsci, der sowohl die politische Krise, die zur Durchsetzung des Faschismus in Italien führte, als auch die Wirtschaftskrise von 1929 vor Augen hatte, macht in der – wie er sie bezeichnete – »passiven Revolution« diejenige Transformation aus, die auf Erhaltung ausgerichtet ist. Die passive Revolution stellt folglich das Verbindungsstück zwischen politischer und ökonomischer Krise dar, mit dem die eine in die andere übergeht.[86] In dem Augenblick, da eine »Krise der politischen Autorität« eintritt, büßen die »führenden Klassen« den Konsens der großen Massen ein, und müssen, um ihre Macht zu erhalten, »herrschend« werden. In einer solchen Konstellation agiert die Regierung auf einer unmittelbar ökonomischen Ebene, und die daraus hervorgehende Politik ist jene »zynische« der Krise als Regierungskunst:

---

86 Gramsci analysiert die sich aus der passiven Revolution seiner Zeit ergebende Verflechtung von Wirtschaft und Politik folgendermaßen: »Die passive Revolution käme darin zustande, dass sie die ökonomische Struktur ›reformistisch‹ aus einer individualistischen in eine plangemäße Ökonomie (gelenkte Wirtschaft) transformiert, und das Aufkommen einer ›mittleren Ökonomie‹ zwischen der rein individualistischen und der plangemäßen im umfassenden Sinn würde den Übergang zu fortgeschritteneren politischen und kulturellen Formen erlauben, ohne radikale und destruktive Umwälzungen in Vernichtungsform.« Antonio Gramsci: *Gefängnishefte*, Bd. 5, Hamburg 1993, S. 1080 (H. 8, 236).

> Der Tod der alten Ideologien zeigt sich als Skeptizismus gegenüber allen allgemeinen Theorien und Formeln und Hinwendung auf die rein ökonomische Tatsache (Verdienst usw.) und auf die Politik, nicht nur die tatsächlich realistische (wie es immer ist), sondern die in ihrer unmittelbaren Manifestation zynische.[87]

Gramsci betrachtet das Interregnum als einen Zustand mit ungewissem Ausgang und hält daher einen notwendigen und automatischen Ausweg zugunsten der subalternen Klassen für keineswegs selbstverständlich: »Wird das Interregnum, die Krise, deren historisch normale Lösung derart verhindert wird, notwendig zugunsten einer Restauration des Alten gelöst werden? Angesichts des Charakters der Ideologien ist dies auszuschließen, freilich nicht in absolutem Sinn.«[88] Wir befinden uns hier am Beginn der 1930er Jahre – und der Ausgang ist inzwischen nur allzu gut bekannt.

Aktualisieren und radikalisieren wir Gramscis Begriff des »Interregnums«[89], verfügen wir über eine Regierungs-

87 Gramsci, *Gefängnishefte*, Bd. 2, a.a.O., S. 312 (H. 3, 34).

88 Ebd.

89 Der gramscianische Begriff des Interregnums wird neuerdings des Öfteren zur Interpretation der gegenwärtigen Konstellation herangezogen, insbesondere im Zusammenhang mit der griechischen Krise vom Sommer 2015. Vgl. Zygmunt Bauman/Carlo Bordoni, *State of Crisis*, Cambridge 2014; Étienne Balibar, *Europa: Krise und Ende*, Münster 2016; Beppe Caccia/Sandro Mezzadra, »Unterm Himmel des ›Interregnums‹«, in: *EuroNomade*, September 2015, www.euronomade.info/?p=5685.

form, die innerhalb der marxschen Analyse des Krisendispositivs auch Zwang und unbefristete zeitliche Dauer in Betracht zieht. Der Auffassung Gramscis zufolge nimmt die Krise die Gestalt eines Dispositivs an, insofern sie »komplexer Prozess [...] und nicht einzelnes ›Faktum‹ [ist], das sich aufgrund einer Ursache mit einzigem Ursprung in verschiedenen Formen wiederholt.«[90] »Da es sich um eine Entwicklung und nicht um ein Ereignis handelt«[91], führt die Krise nicht unausweichlich zu einem Ende – sei es nun Rettung, Genesung oder Tod –, sondern der Schwebezustand zwischen Leben und Tod kann ebenso endlos andauern. Demzufolge bezeichnet das Interregnum nicht einfach einen Zeitabschnitt der Transition, des Übergangs, sondern vor allem die Regierungskunst, die der kapitalistische Gebrauch des Krisendispositivs ausbildet.[92] Es ist eine Regierungskunst, die darin besteht, ein prekäres Gleichgewicht hinauszuzögern, das aus der Behandlung der ständig auftretenden Krankheiten hervorgeht – oder aus der vorgeblichen Kenntnis des Rezepts für deren Therapie:

---

90 Gramsci, *Gefängnishefte*, Bd. 7, a.a.O., S. 1716 (H. 15, 5).

91 Ebd.

92 Auch Wolfgang Streeck greift auf den gramscianischen Begriff des Interregnums zurück, um die gegenwärtige Phase eines Kapitalismus zu kennzeichnen, der langsam, aber unausweichlich durch »Entropie« seinem Ende entgegengeht. Für Streeck wird das Interregnum des Kapitalismus – seine Agonie – solange andauern, bis die neoliberale Investition in das Individuum aufgrund des Fehlens neuer sozialer Bindungen sowie neuer Formen kollektiven Teilens seine Unhaltbarkeit offenbart. Vgl. Wolfgang Streeck, *How Will Capitalism End? Essays on a Failing System*, Brooklyn 2016.

> Die Entwicklung des Kapitalismus ist eine ›Dauerkrise‹ gewesen, wenn man so sagen darf, das heißt eine blitzartige Bewegung von Elementen, die einander das Gleichgewicht hielten und sich immunisierten. An einem bestimmten Punkt in dieser Bewegung haben einige Elemente die Oberhand gewonnen, andere sind verschwunden oder innerhalb des allgemeinen Rahmens untauglich geworden. Dann sind Ereignisse hinzugekommen, denen man die spezifische Bezeichnung ›Krise‹ gibt, die genau in dem Maße schwerer oder weniger schwer wiegen, als größere oder kleinere Gleichgewichtselemente auftreten.[93]

Die Krisen sind nicht das, was schließlich zum Tod des Kapitalismus führen wird, sondern das, was diesen – in Abwesenheit einer Alternative, eines neuen Lebens – von Mal zu Mal gegen die Krankheiten und Ungleichgewichte »immunisiert«, in die er aufgrund seines todgeweihten Zustands unentwegt hineingerät.[94] Nachdem der Kapita-

---

93 Gramsci, *Gefängnishefte*, Bd. 7, a.a.O., S. 1718 (H. 15, 5).

94 Zur Veranschaulichung des biopolitischen Wortschatzes, der im Wirtschaftsdiskurs jener Jahre verbreitet war, lässt sich Hermann Göring zitieren, der sich auf dem Höhepunkt der 1929 ausgebrochenen Krise in der Sitzung des Reichstags vom 10. Mai 1932 (also vor der Machtergreifung Hitlers) folgendermaßen ausdrückt: »Wir vergleichen [...] die Wirtschaft im Staate mit dem Blutkreislauf im menschlichen Körper, und wir müssen uns mit aller Entschiedenheit dagegen wenden, dass immer noch versucht wird, weiter Blut aus diesem Körper abzuzapfen und somit den Körper langsam aber sicher zum Erliegen zu bringen.« Hermann Göring, *Deutscher Reichs-*

lismus seine ökonomische Krise einmal in eine Regierungskunst umgewandelt hat – und zwar in Gestalt dessen, was man heutzutage Neoliberalismus nennt –, regiert er aufgrund von »höherer Gewalt«: Da »die ganze Krise ›Ausfluß höherer Gewalt‹ ist, ist sie ›strukturell‹ und nicht konjunkturell«[95].

---

tag, 5. Wahlperiode, 62. Sitzung vom 10. Mai 1932, 2543B-2543C. – Von daher ließe sich der Nationalsozialismus als eine Form von biopolitischer Immunisierung gegenüber der Krankheit bestimmen, die den deutschen politischen Körper mit der Krise von 1929 infiziert hat. Zur nationalsozialistischen Biopolitik als dem radikalsten Ausdruck des immunitären Dispositivs vgl. Roberto Esposito, *Bíos. Biopolitica e filosofia*, Turin 2004, S. 115-157.

95 Gramsci, *Gefängnishefte*, Bd. 7, a.a.O., S. 1680 (H. 14, 57).

4. Philosophie der Krise

Die Vorwegnahme der Krise als Regierungskunst durch Gramsci ist indes nicht auf jene »Philosophie der Krise« zurückzuführen, die für die Zeit zwischen den beiden Weltkriegen prägend war und zu deren Protagonisten einflussreiche Philosophen wie Edmund Husserl und Martin Heidegger zählen. Wenn es auch zutrifft, dass die »Philosophie der Krise« aus einem der gramscianischen Einsicht ähnlichen Bewusstsein hervorgeht, dass die Krise nicht das Neue erzeugt, was das Abendland vor seinem Untergang und das alte Europa vor seinem unabwendbaren Zerfall retten könnte, nimmt der Zustand einer Krise ohne jeden Ausweg bei jenen Denkern eher die Züge des Nihilismus und nicht die einer Regierungskunst an.[96] Es ist bezeichnend, dass diese Philosophie der Krise die einzige Alternative zum Nihilismus in der Rückgewinnung des griechischen Ursprungs des Abendlandes sieht, in einer Erneuerung seiner Aufgabe, in einer »Entscheidung«, die den Körper Europas seinem Altern und seiner Todesnähe entreißt, um ihn an der Quelle der Jugend, eines neuen Anfangs, zu tränken und wiederaufzubauen. Diese Ent-

96 In den 1970er Jahren versuchte Massimo Cacciari, die Philosophie der Krise der 1930er Jahre mit seinem Vorschlag eines »negativen Denkens« fruchtbar zu machen, wobei er jedoch die Rationalität des Systems hervorhebt, deren Träger der Nihilismus ist. Vgl. zumindest Massimo Cacciari, *Krisis. Saggio sulla crisi del pensiero negativo da Nietzsche a Wittgenstein*, Mailand 1976.

scheidung entspricht jedoch vielmehr dem Urteil der Krise, das die Möglichkeit der Rettung in die Rückkehr zum Ursprung verlegt. Daher verschreibt sich die Philosophie der Krise, um einen Ausgang aus dieser zu finden und von der tödlichen Krankheit des Nihilismus und Relativismus zu genesen, demselben Dispositiv der Krise, das ihr das Neue gerade verschließt.[97] In diesem Sinne genommen kann Husserls *Krisis der europäischen Wissenschaften* geradezu als Programm für jene Philosophie der Krise gelten: Um sich erneuern zu können, hat das europäische Menschentum – das für Husserl der Menschheit *tout court* entspricht – zwar auf die philosophische Kritik zurückzugreifen, im Unterschied zum jungen Marx jedoch nicht deshalb, um die politische Entscheidung auf das Neue hin ausrichten zu können, sondern vor allem, um den eigenen und »echtesten« Ursprung wiederzugewinnen. Etwa ein Jahrhundert nach ihrem Bündnis, trennen sich Kritik und Entscheidung wieder voneinander:

> Wir als Philosophen [sind] nach der Zielstellung, die das Wort ›Philosophie‹ anzeigt, nach Begriffen, Problemen, nach Methoden, *Erben* der Vergangenheit. Es ist klar [...], dass es eingehender *historischer und kritischer Rückbesinnungen* bedarf, um *vor allen Entscheidungen* für ein

97 Diese Bemerkungen zum »Dispositiv der Krise« in der europäischen Philosophie zwischen den beiden Weltkriegen stützen sich auf Roberto Esposito, *Da fuori. Una filosofia per l'Europa*, Turin 2016, insbes. S. 3-63.

> radikales Selbstverständnis zu sorgen: durch Rückfrage nach dem, was ursprünglich und je als Philosophie gewollt war [...]; dies aber unter *kritischer* Erwägung dessen, was in Zielstellung und Methode diejenige *letzte Ursprungsechtheit* erweist, welche, einmal erschaut, den Willen *apodiktisch bezwingt*.[98]

Ebenfalls nicht der Philosophie der Krise zuzurechnen ist das Zeitschriftenprojekt, das Walter Benjamin und Bertolt Brecht um die Jahreswende 1930/1931 herum gemeinsam vorantreiben. Am Vorabend des Wahlsiegs der Nationalsozialisten suchen Benjamin und Brecht, die deutsche Intelligenz der äußersten Linken zu versammeln und – ohne dabei eine Avantgarde-Position zu beanspruchen – in den Dienst der Sache des Kommunismus und der proletarischen Revolution zu stellen. Das Zeitschriftenprojekt trägt den einschlägigen Titel »Krisis und Kritik«. Obgleich auch sie sich in der bürgerlichen Intelligenz wiedererkennen, wollen Benjamin und Brecht – im Unterschied zu den »Philosophen der Krise« – dasjenige in den Dienst des Proletariats stellen, was von der Aufklärung an den revolutionären Charakter bürgerlicher Kultur ausgemacht hatte: die Waffen der Kritik. Im *Memorandum* zur Zeitschrift findet sich diese programmatische Absicht ausdrücklich formuliert:

---

98 Edmund Husserl, »Die Krisis der europäischen Wissenschaften und die transzendentale Phänomenologie«, *Hua* Bd. VI, Den Haag 1962, S. 16.

> [Die Zeitschrift] hat politischen Charakter. Das will heißen, ihre kritische Tätigkeit ist in einem klaren Bewusstsein von der kritischen Grundsituation der heutigen Gesellschaft verankert. Sie steht auf dem Boden des Klassenkampfes. Dabei hat die Zeitschrift jedoch keinen parteipolitischen Charakter. Insbesondere stellt sie kein proletarisches Blatt, kein Organ des Proletariats dar. Vielmehr wird sie die bisher leere Stelle eines Organs einnehmen, in dem die bürgerliche Intelligenz sich Rechenschaften von den Forderungen und den Einsichten gibt, die einzig und allein ihr unter den heutigen Umständen eine eingreifende, von Folgen begleitete Produktion im Gegensatz zu der üblichen willkürlichen und folgenlosen gestattet.[99]

Indem er die Geste des jungen Marx gewissermaßen wiederholt, beabsichtigt er, die Waffen der Kritik zu nutzen, um die entscheidende Krise aufzuzeigen oder – wie bei einer Geburt – einzuleiten, die sich latent im manifesten Niedergang der abendländischen Kultur »verbirgt«: Wie gesehen, besteht die Funktion der Krise innerhalb des bürgerlich-kapitalistischen Systems in der Selbsterhaltung, wie sie auch den in der Philosophie der Krise thematisierten Weg der Rückerlangung des Ursprungs anzeigt. Die entscheidende, vom Proletariat herbeigeführte Krise ist der Zweck, während der bürgerlichen Intelligenz die

99 Walter Benjamin, »Memorandum zu der Zeitschrift ›Krisis und Kritik‹«, in: ders., *Gesammelte Schriften* Bd. VI, Frankfurt/Main 1985, S. 619-621, hier S. 619.

Mittel der Kritik zur Verfügung stehen. In den Gesprächsprotokollen der die Zeitschrift vorbereitenden Zusammenkünfte ist zu lesen: »Das Arbeitsfeld der Zeitschrift ist die heutige Krise auf allen Gebieten der Ideologie und die Aufgabe der Zeitschrift ist es, diese Krise festzustellen oder herbeizuführen, und zwar mit den Mitteln der Kritik.«[100] Mit der Ideologie, auf die hier Bezug genommen wird, ist gerade diejenige Heideggers und seiner Schule gemeint, die sich die Zeitschrift »zu zertrümmern« vornimmt.[101] Die von der Philosophie der Krise ins Auge gefasste Krise ist im Wesentlichen ideologisch: Indem sie die Wirklichkeit entstellt, verdeckt und mystifiziert sie die entscheidende Krise. Wirksam und einschneidend kann vielmehr allein die Kritik sein. Wie wir von Koselleck gelernt haben, ist die Kritik das authentischste Erbe bürgerlichen Denkens.

»Krisis und Kritik« hat nicht ein einziges Heft publiziert. Die Gründe dafür sind vielfältig. Der unmittelbarste ist darin zu suchen, dass es am Ende offensichtlich nicht möglich war, die unterschiedlichen Positionen zu vereinen, die für die deutsche Intelligenz der äußersten Linken jener Zeit charakteristisch waren (ein Problem, das eine eigene Betrachtung verdiente, da es sich im Laufe des 20. Jahrhunderts noch des Öfteren einstellen wird). Ein anderer

---

[100] Walter Benjamin/Bertolt Brecht, »Dokumente zum Zeitschriftenprojekt ›Krise und Kritik‹«, in: Erdmut Wizisla, *Benjamin und Brecht: Die Geschichte einer Freundschaft*, Frankfurt/Main 2004, 302.

[101] Walter Benjamin: »Brief an Gershom Scholem vom 25. April 1930«, in: ders., *Gesammelte Briefe* Bd. III, Frankfurt/Main 1997, S. 522.

und in gewisser Hinsicht komplementärer Grund liegt in der Lesart der damaligen Krise, die letztendlich nicht erfassen konnte, inwieweit jene Krise die Waffen der bürgerlichen Kritik bereits unwiderruflich abgestumpft hatte. Die kapitalistische Krise von 1929 bedeutet nämlich einen Bruch gegenüber der »Krise der bürgerlichen Gesellschaft« – gegenüber jener politischen und moralischen Krise der Autorität, auf welche die Kritik, wie Koselleck hervorgehoben hat, gerade deshalb effektiv einwirken konnte, da sie ihren eigentlichen Grund darstellte – und nimmt eine eigentümliche Beschaffenheit an. Die bürgerliche Kritik bildet nun keine politische Kritik mehr aus, ebenso wie die kapitalistische Krise nicht mehr innerhalb einer allgemeineren Krise der bürgerlichen Gesellschaft zu verorten ist. Nur wenige Jahrzehnte später wird diese Trennung offensichtlich: Während die Bewegungen von 1968 und der 1970er Jahre die Krise der bürgerlichen Gesellschaft (ihrer Zivilisation und Kultur) mit ihrer Kritik zu einem Punkt ohne mögliche Wiederkehr führen, erlebt die Krise des fordistischen Kapitalismus zur selben Zeit die Transformationen hin zu einem postfordistischen Kapitalismus.

Womöglich erlaubte Gramsci gerade die Tatsache, dass er die politische und die kapitalistische Krise nicht zusammenfallen lässt, sondern sie zunächst unterscheidet und erst hernach miteinander verknüpft, im »Schicksal«, dem sich das Abendland verschrieben hat, eine Regierungskunst zu erahnen. Fest steht, dass Gramsci verstanden hatte, dass das Neue weder aus der Wiederbelebung des Alten entsteht noch aus seinem Tod hervorgehen kann. Es entsteht nicht innerhalb des Dispositivs der Krise: Es ist weder ein wiederzuerlangender Ursprung noch ein Zustand, zu dem zurückzukehren wäre. Wie zu sehen sein wird, ist es nicht die Philosophie der Krise, der die wirkungsvollste Rückgewinnung der griechischen Krisenmatrix gelingt. Vielmehr ist es der Neoliberalismus, der – auf eine wahrscheinlich weniger bewusste und weniger raffinierte Weise – die *krísis* in eines der wirkungsvollsten Dispositive unserer Zeit verwandelt.[102]

[102] In seiner Interpretation des Neoliberalismus macht Massimo De Carolis im neoliberalen »Zivilisationsmodell« die wirkungsvollste Antwort – deren Unzulänglichkeit jedoch heute sichtbar wird – auf die Krise der Modernität aus, wie sie von der Philosophie der Krise im 20. Jahrhundert thematisiert wird. Vgl. Massimo De Carolis, *Il rovescio della libertà. Tramonto del neoliberalismo e disagio della civiltà*, Macerata 2017.

5. Die neoliberale Krise

5.1. Die Partei des Lebens

Die Durchsetzung des Neoliberalismus stellt einen entscheidenden Übergang dar. Mit dieser wird das Dispositiv der Wirtschaftskrise an sich politisch, oder genauer: Es wird in jeder Hinsicht zur Regierungskunst. Damit schwindet die moderne Vorstellung der politischen Krise als ein Konflikt, der zu einer »Letztentscheidung« führt. Der Ausnahmezustand – der für Carl Schmitt jene letzte Instanz darstellt, die nach dem »Letztentscheid« des Souveräns verlangt, um diesen auszusetzen und die Ordnung wiederherzustellen –[103] ist, wie Benjamin in seinen *Thesen zum Begriff der Geschichte* dargelegt hat, inzwischen zur Regel geworden.[104] Der »Ausnahmezustand als Regel«

103 Die schmittsche Definition von Souveränität ist bekannt: »Souverän ist, wer über den Ausnahmezustand entscheidet.« Carl Schmitt, *Politische Theologie. Vier Kapitel zur Lehre von der Souveränität*, Berlin 1985, S. 11.

104 »Die Tradition der Unterdrückten belehrt uns darüber, dass der ›Ausnahmezustand‹, in dem wir leben, die Regel ist.« Walter Benjamin, »Über den Begriff der Geschichte«, in: ders., *Gesammelte Schriften* Bd. I/2, Frankfurt/Main 1974, S. 693-704, hier S. 697. – Die entschiedenste und ausdrücklichste Kritik am dezisionistischen Paradigma Schmitts lässt sich allerdings im *Ursprung des deutschen Trauerspiels* finden, wo die Figur des Souveräns nach dem Modell Hamlets und den Darstellungen des Tyrannen/Märtyrers im deutschen Barockdrama des 17. Jahrhunderts entworfen wird. Dabei handelt es sich um Figuren, deren Tragik und verhängnisvolles Schicksal sich

bezeichnet nicht mehr die Vorherrschaft einer souveränen Machtform, sondern untersteht jetzt dem ökomischen Dispositiv der Krise, dem im Bereich der Politik eine Regierungsform administrativen Typs entspricht: die Gouvernementalität. Der Konflikt ist nicht mehr Bedingung der Möglichkeit der Entscheidung in der Krise, sondern erscheint vielmehr selbst von der Krise *regiert*, insofern er auf eine »Entscheidung« ausgerichtet ist, die immer schon vorbestimmt ist. Die Entscheidung *antwortet* stets auf die Krise, d. h. sie ist nicht unabhängig von der Funktionsweise des Dispositivs, dem sie eingeschrieben ist: Die von der Krise aufgeworfene Alternative ist fiktiv – die Wahl wird in dem Augenblick getroffen, da sie sich als obligatorisch erweist. Weit eher als auflösend zu wirken, bringt jede Entscheidung eine neue Unterscheidung hervor und damit eine neue Krise, die Auferlegung neuer obligatorischer Entscheidungen inbegriffen – und so weiter bis ins Unendliche.

Die Zeitlichkeit der Krise ist vollständig zyklisch geworden: Man lebt in der »ewigen Wiederholung der Gegenwart«, einer von der Unvorhersehbarkeit der Zukunft und der Möglichkeit von Alternativen befreiten Gegenwart. Damit vollendet sich die neoliberale Revolution, wie sie in den 1980er Jahren von Margaret Thatcher angekündigt wurde, die – um ihre Ansicht zu untermauern, dass der reale Sozialismus keine Alternative zur Marktwirtschaft darstel-

gerade in der Unfähigkeit zur Entscheidung bekunden, da sie entweder unentschlossen sind oder eine Letztentscheidung sich als schlechthin unmöglich erweist.

le –[105] für gewöhnlich auf einen Slogan zurückgriff, der sogar zu einem Akronym geworden ist: there is no alternative (TINA). Die neoliberale Bedeutung des Ausdrucks »there is no alternative« unterscheidet sich nicht von derjenigen, die dessen Erfinder, Herbert Spencer, diesem beigelegt hatte, demzufolge die Gesellschaft, um eine feste Ordnung aufweisen zu können, Gesetze von derselben Beschaffenheit wie diejenigen des Universums haben müsse: »sicher, unbiegsam, stets wirksam und ohne jede Ausnahme«.[106] Die neoliberale Revolution hat die vormoderne und buchstäbliche Bedeutung des Terminus ›Revolution‹ zurückerlangt und reaktiviert, deren Erbe auch noch bei Rousseau deutlich nachwirkt: Die natürliche Zyklizität, die Wiederholung, die Stabilität der vorherbestimmten Ordnung gewinnen das zeitliche Primat gegenüber der Geschichtlichkeit und der zugleich progressiven Ausrichtung der modernen Zeitlichkeit zurück. Die Zeitlichkeit der neoliberalen Krise verortet sich daher vollständig innerhalb der »Naturgeschichte«, die durch die Abwesen-

---

105 Als Entsprechung zum »realen Sozialismus« hat Mark Fisher den Ausdruck »kapitalistischer Realismus« geprägt, um die auf das Mantra *there is no alternative* gegründete neoliberale Kondition zu bezeichnen. Vgl. Mark Fisher, *Kapitalistischer Realismus ohne Alternative?*, Hamburg 2013.

106 »There is no alternative. Either society has laws, or it has not. If it has not, there can be no order, no certainty, no system in its phenomens. If it has, then are they like the other laws of the universe – sure, inflexible, ever active, and having no exeptions.« Herbert Spencer, *Social Statics: Or, The Conditions essential to Human Happiness specified, and the First of them Developed*, New York 1883, S. 55.

heit von Alternativen bestimmt ist. Mit der neoliberalen Krise kehrt man so zu jener Zirkularität von »Diagnosen« und »Prognosen« zurück, die für Koselleck durch den Einbruch der modernen Zeitlichkeit in die Geschichte und die Revolution als Affirmation des Neuen und als Diskontinuität gegenüber der Vergangenheit durchbrochen worden war. Man kehrt zur Zeitlichkeit der »vergangenen Zukunft« zurück:

> [D]ie politische Prognostik hatte eine statische Zeitstruktur, soweit sie nämlich mit naturalen Größen operierte, deren potentielle Wiederholbarkeit den Kreislaufcharakter ihrer Geschichte ausmachte. Die Prognose impliziert eine Diagnose, die die Vergangenheit in die Zukunft einbringt. Durch die so immer schon gewährleistete Zukünftigkeit des Vergangenen wurde der Handlungsraum des Staates ebenso erschlossen wie begrenzt.[107]

Die neoliberale Revolution ist folglich eine Restauration-Revolution, zu deren genaueren Bestimmung man die gramscianische Kategorie der »passiven Revolution« heranziehen könnte, der wir zuvor bereits begegnet sind. Gramsci führt aus, dass der »Fortschritt« in einer bestimmten historischen Situation nicht von der »Volksinitiative« ausgeht, sondern »als Reaktion der herrschenden Klassen auf das sporadische und unorganische ›Umstürz-

---

[107] Reinhart Koselleck, *Vergangene Zukunft. Zur Semantik geschichtlicher Zeiten*, Frankfurt/Main 1979, S. 33.

lertum‹ der Volksmassen zustande käme, mit ›Restaurationen‹, die irgendeinen Teil der Forderungen des Volkes aufnehmen, folglich ›fortschrittliche Restaurationen‹ oder ›Revolutionen-Restaurationen‹ oder auch ›passive Revolutionen‹.«[108] Und dennoch: Damit Thatchers Slogan die neoliberale Revolution auszeichnen und ein Krisendispositiv charakterisieren kann, das als direkte, unmittelbare und affirmative Regierungskunst operieren kann,[109] muss ein weiterer Übergang vollzogen werden, den das neoliberale Denken verwirklicht.

Der Neoliberalismus hat aus dem Urteil der *krísis* eine politische Urteilsmodalität gemacht, ja das politische Urteil schlechthin. Jenes *krínein*, das in der griechischen Welt für das der Heilkunst und dem Rechtswesen eigene Urteilen stand, erhält jetzt Einzug in die Politik. Während für Platon und Hippokrates das *krínein* des Richters und des Arztes *im Dienste* der politischen Macht standen, macht diese Modalität des Urteils jetzt die neoliberale Regierungskunst aus, die daher in jeder Hinsicht »biopolitisch« genannt werden kann. Desgleichen kann die neoliberale Krise als eine »biopolitische Krise« bezeichnet werden. Es

---

108 Gramsci, *Gefängnishefte*, Bd. 5, a.a.O., S. 961 (H. 8, 25).

109 Die für die Krise als Regierungskunst beizubringenden Beispiele sind zahlreich und gestalten sich im Einzelnen von Land zu Land unterschiedlich aus. Unbesehen der dem jeweiligen Kontext geschuldeten Unterschiede ist die Formel, nach der die Krise in letzter Instanz unpopuläre Dekrete oder sogar Regierungsbildungen (die »technischen« Regierungen stellen deren exemplarischsten Fall dar) legitimiert, dabei im Wesentlichen dieselbe: »Es gibt keine Alternative.«

handelt sich nämlich um eine Krise, die – obgleich sie als Wirtschaftskrise auftritt und präsentiert wird – als ein Dispositiv der Regierung operiert und voll und ganz der gouvernementalen Funktion nachkommt, die Verhaltensweisen der Lebensformen hervorzubringen und zu regulieren. Margaret Thatcher hatte im Übrigen selbst erklärt: »Die Wirtschaft ist die Methode. Das Ziel ist es, die Seele zu verwandeln.«[110]

Die neoliberale Regierungskunst wird ausgeübt, indem die »Verhaltensweisen« der Individuen geformt und die unentwegt einem Urteil unterworfenen Seelen verwandelt werden. Die Seelen dürfen – wie bei Platon – nicht von ihren Körpern und ihrer Lebensführung abgetrennt werden, damit das Urteil rechtens ausfallen kann. Im Gegenteil: Damit das Urteilsvermögen beständig ausgeübt werden kann, muss es auf die Lebensformen einwirken. Daher ist das Tribunal des Jüngsten Gerichts kein endgültiges mehr am Ende der Zeiten, sondern wird zur »Regel«. Die Krise als Regierungskunst wirkt sich direkt auf die Seelen der Individuen aus, auf die »lebendige« Seele. Das Leben – die Seele, die Lebensform, die Lebensführung – stellt das wahrhafte Ziel des Neoliberalismus und seiner Politik dar. Während die den Klassenkampf einleitende Klassenpartei der Ausdruck der modernen Konzeption des Konflikts gewesen ist – ein Gegensatz, der sich in

---

110 Margaret Thatcher, »Interview for ›Sunday Times‹« vom 3. Mai 1981, www.margaretthatcher.org/document/104475.

der Entscheidung auflöst –, ist die »Partei des Lebens« für die neoliberale Regierungskunst kennzeichnend.

Der Ausdruck »Partei des Lebens« (»party of life«) wird von Friedrich August Hayek, einem der wichtigsten Theoretiker des Liberalismus und Thatchers philosophischem Bezugsautor, verwendet.[111] Auf der Suche nach einem Namen für sein Liberalismuskonzept, der dieses von den vorhergehenden unterscheiden soll, schreibt Hayek: »Was ich suche, ist ein Wort, das die Partei des Leben[s] bezeichnet, die Partei, die für freies Wachstum und spontane Entwicklung eintritt«.[112] Erstmals wird hier das Leben, seine Erhaltung und Förderung, zum Privileg eines *politischen Teils* erklärt. Die »Partei des Lebens« betrachtet das Leben als Vorrecht des eigenen Teils und tritt damit – im Namen des Lebens – in eine Alternative und einen Konflikt mit anderen Teilen der Gesellschaft ein. Zugleich aber ist sie parteilos: Zur Partei des Lebens kann es keine Alternativen geben. In dem Moment, da eine Politik des Lebens die Form der »Partei« annimmt, bringt sie auch dessen Gegenteil hervor und schließt es mit ein: ebenjenen Teil oder diejenigen Teile, ebenjene Partei oder Parteien, die das Überleben des politischen und gesellschaftlichen Körpers gefährden. Ein weiteres Mal stellt sich die zu ergreifende Partei nicht als Wahl zwischen tat-

---

[111] Vgl. Nicholas Wapshott, *Keynes or Hayek. The Clash That Definied Modern Economics*, London/New York 2011, insbes. S. 247-265.

[112] Friedrich August Hayek, *Die Verfassung der Freiheit*, Tübingen 1971, S. 493.

sächlich praktikablen Alternativen dar. In Gestalt der »Partei des Lebens« nimmt die Biopolitik damit ihre im eigentlichen Sinne neoliberalen Züge an. Wenn Hayek mit der »Partei des Lebens« auch eine Auffassung zu ihren äußersten Konsequenzen führt, die bereits sein Lehrer Ludwig Mises vom Liberalismus »als wirtschaftspolitisches Parteiprogramm«[113] entwickelt hatte, lässt sich dennoch nicht übersehen, dass eine solche Deklination des Liberalismus den Bruch des Neoliberalismus gegenüber geläufigeren liberalen Traditionen manifest macht. Wie es mehrfach auch aus Hayeks Autobiographie hervorgeht,[114] wurden seine Wirtschaftsdoktrin und Gesellschaftslehre entscheidend durch die biologische Evolutionstheorie beeinflusst.[115] Diese charakterisiert sowohl

---

113 »Der Liberalismus als wirtschaftspolitisches Parteiprogramm [...] trägt der historisch-empirisch feststellbaren Tatsache Rechnung, dass die ungeheure Mehrheit aller Menschen Leben dem Tode, Gesundheit dem Leiden und eine reichlichere Versorgung mit materiellen Gütern einer weniger reichlichen vorzieht.« Ludwig Mises, »Wirtschaftlicher Liberalismus«, in: *Handwörterbuch der Sozialwissenschaften*, Bd. 6, Tübingen 1959, S. 596-603, hier S. 597.

114 Vgl. Friedrich August Hayek, *Hayek on Hayek. An Autobiographical Dialogue*, Chicago 1994.

115 Dabei ist zu betonen, dass Hayek das Konzept der »Evolution« nicht als ursprünglich dem biologischen Bereich zugehöriges betrachtet, da es, wenn dem so wäre und es ausschließlich das Individuum beträfe, nicht jene Reichweite besäße, auch auf die Gesellschaft und »Bevölkerung« anwendbar zu sein: »Natürlich gibt es wichtige Unterschiede zwischen der Art und Weise, wie der Selektionsprozess in der Weitergabe der Kultur funktioniert, die zur Entstehung sozialer Institutionen führt, und der Art und Weise, wie er in der Selektion angeborener biologischer Merkmale und ihrer Weitergabe durch phy-

seine Partei des Lebens als auch die daraus hervorgehende Biopolitik.

Ausgeprägt biopolitische Züge treten im Übrigen bereits bei dem Autor zutage, der den Ausdruck »Partei des Lebens« geprägt und zuerst verwendet hat. Es handelt sich um Friedrich Nietzsche, der dieser Partei die Aufgabe zuerkennt, »große Politik« zu machen, die in jeder Hinsicht einer Form von Biopolitik entspricht, d. h. einer Politik, die »die Menschheit als Ganzes züchten« will und daher keine Alternativen zulassen kann. Die große Politik unterhält zwar eine »Bürgschaft für das Leben« und seine Steigerung, bestimmt jedoch als eine Partei auch den gegnerischen Part, der sie gefährdet und ihre Macht beschränkt:

> Eine Partei des Lebens schaffen, stark genug zur *großen* Politik: die große Politik macht die Physiologie zur Herrin über alle anderen Fragen – sie will die Menschheit als Ganzes *züchten*, sie misst den Rang der Rassen, der Völker, der Einzelnen [...] nach ihrer Bürgschaft für das Leben, die sie in sich trägt, – sie macht unerbittlich mit allem Entarteten und Parasitischen ein Ende.[116]

---

sische Vererbung funktioniert. [...] Aber obwohl die Darwinsche Theorie auf die zweitgenannten [die kulturell weitergegebenen Fähigkeiten] nur beschränkt anwendbar ist und ihre buchstabengetreue Anwendung zu schlimmen Verdrehungen führt, ist die Grundvorstellung von Evolution in beiden Bereichen die gleiche.« Friedrich August Hayek, »Recht, Gesetz und Freiheit«, in: *Gesammelte Schriften*, Bd. 4, Tübingen 2003, S. 25.

116 Friedrich Nietzsche, »Nachgelassene Fragmente 1887-1889«, in: *KSA*, Bd. 13, Berlin/New York 1988, S. 638 (25, 1). Im selben Jahr

Es ist Ernst Nolte, der den Ausdruck »Partei des Lebens« in seinem Buch *Nietzsche und der Nietzscheanismus* entschieden und weit über seine Bedeutung in den Texten Nietzsches hinausgehend hervorhebt, um damit die gegnerische Partei zu identifizieren: die marxistische »Klassenpartei«.[117]

Eine letztlich nicht ganz so große Distanz zwischen Hayek und Nolte, wie man zunächst glauben könnte, wird durch den Umstand bezeugt, dass den beiden 1985 gemeinsam der Hanns Martin Schleyer-Preis verliehen wurde, mit dem »hervorragende Verdienste um die Festigung und Förderung der Grundlagen eines freiheitlichen Gemeinwesens« ausgezeichnet werden. Abgesehen von diesem aussagekräftigen Umstand ist für uns die Rede von Interesse – mit *Die Überheblichkeit der Vernunft* überschrieben –, die Hayek anlässlich der Preisverleihung gehalten hat. In seinem Beitrag, der nicht direkt ökonomisch inspiriert ist, beruft sich Hayek ausdrücklich auf eine Evolutionstheorie, auf die er jedwede Erkenntnis und Moral (auch diejenige religiöser Herkunft) zurückführt und die damit eine auf das menschliche Wesen als solches sich erstreckende heuristische Reichweite besitzt: »Ich glaube wir sind auf dem Weg, die Entwicklung der Vernunft als

---

(1888) und mit identischem Tenor verwendet Nietzsche den Ausdruck »Partei des Lebens« auch in Friedrich Nietzsche, »Ecce homo. Wie man wird, was man ist«, in: *KSA* Bd. 6, Berlin/New York 1988, S. 313.

[117] Vgl. Ernst Nolte, *Nietzsche und der Nietzscheanismus*, Frankfurt/Main 1990.

einen Prozess der Evolution zu sehen, sogar dabei eine evolutionäre Erkenntnistheorie zu entwickeln. Wir können ebenso zeigen, dass auch die moralische Tradition nicht als Produkt der Vernunft, sondern neben der Vernunft als ein ähnlicher Evolutionsprozess entstanden ist.«[118] Auch in diesem Fall fasst Hayek die aus diesem Evolutionsprozess hervorgehende Moral als das Vorrecht einer Partei, die sich einer anderen gegenüberstellt, ohne dabei Alternativen vorzusehen. Es wird jetzt deutlich, dass das Leben, zu dessen Träger sich die Partei Hayeks macht, das Leben ist, wie es von der Evolutionstheorie vorentworfen wird:

> Die heutigen Streitigkeiten über das, was moralisch ist, was die Moral uns verpflichtet zu tun, [ist] nicht ein Streit im Bereich einer gegebenen Moral ist, sondern ein Streit zwischen zwei vollkommen verschiedenen moralischen Traditionen. [...] Der Streit zwischen Kapitalismus und Sozialismus ist nicht ein Streit auf der Basis einer gegebenen Moral. Es ist ein Konflikt zwischen zwei ganz verschiedenen Moralen, von denen die eine, weil wir sie nie bewusst erfunden haben und infolgedessen nicht rechtfertigen oder erklären können, die aber unsere Existenz erschaffen hat, gewöhnlich den Kürzeren zieht. [...] Beide Parteien behaupten, für die Freiheit zu sein. Und

---

[118] Friedrich August Hayek, »Die Überheblichkeit der Vernunft«, in: *Hans Martin Schleyer-Preis 1984 und 1985*, Köln 1985, S. 47-56, hier S. 50. Die Rede Noltes trägt den Titel: *Über den historischen Begriff des »Liberalen Systems«*.

> Freiheit beinhaltet zwei ganz verschiedene Dinge: Die klassische moralische Tradition hat eine freie Gesellschaft geschaffen, indem sie den Menschen überredet hat, gewisse primitive Instinkte zu unterdrücken. [...] Das begegnet heutzutage einer neuen Bewegung, die sich auch den schönen Namen ›Befreiung‹ anmaßt, die beansprucht, dass wir uns von diesen dummen Beschränkungen, die wir der Religion verdanken, frei machen und endlich unseren Gefühlen und Ambitionen nachgehen sollen.[119]

Hayeks »Partei des Lebens« stellt sich der anderen Partei entgegen, die in jenen Jahren mit einem universellen und globalen Anspruch auftrat – die Klassenpartei, der Sozialismus –, wobei seine Utopie im Unterschied zur letzteren nicht progressiv, sondern konservativ ausgerichtet ist. Eine »konservative Utopie« könnte als ein Oxymoron erscheinen, was jedoch nur dann zutrifft, wenn der Begriff »Utopie« im modernen Sinne verstanden wird, als eine auf Zukunft hin orientierte Form der Zeitlichkeit. Die neoliberale Utopie, zu deren Ausgestaltung die Konzeption Hayeks einen wichtigen Beitrag leistet, ist hingegen nicht auf die Zukunft ausgerichtet und bezieht ihren Antrieb nicht aus der aufklärerischen Vernunft und dem Fortschritt. Sie lässt sich vielmehr durch die Evolution bestimmen: Eine Gesellschaft entwickelt sich fort, indem sie sich unentwegt der Ordnung anpasst. Die – an sich unverständliche – Ra-

---

[119] Ebd., S. 51f.

tionalität der Evolution stellt eine exklusive Eigenschaft der Ordnung dar, die die Gesellschaft und ihre Mitglieder nicht transformieren sollten, indem sie sich überheblich deren Erkenntnis anmaßen, sondern auf deren Erhaltung sie sich zu »beschränken« haben.

An dieser Stelle drängt sich die Notwendigkeit auf, den heutzutage geläufigen Diskurs über den Neoliberalismus zu korrigieren oder zumindest zu präzisieren, dessen Eigentümlichkeit darin liegt, die Vermögen des Menschen als solche zu befördern – nicht zuletzt auch jene »primitiven Instinkte«, die für Hayek im Unterschied zu Nietzsche zu »unterdrücken« wären, um sie gewinnbringend nutzen zu können. Nun gehört dieser Aspekt zweifelsohne zum neoliberalen Regierungsdispositiv. Auf den Spuren Hayeks wäre zu berücksichtigen, dass dieser Aspekt untrennbar mit einem anderen, für die Funktionsweise des Dispositivs ebenso grundlegenden verbunden ist: Die Investition in bestimmte Lebensformen muss sich zugleich innerhalb einer zu erhaltenden Ordnung bewegen, genauso wie die von der Evolution der Lebensformen erforderten Transformationen sich funktional zur Erhaltung der Ordnung auszugestalten haben. Wie wir sehen werden, bestimmt Hayek diese Ordnung als »Kosmos« – und genau darin liegt sein wesentlicher Beitrag zur Formierung des neoliberalen Regierungsdispositivs. Neben anderen Differenzen ist es gerade diese »kosmische« Konzeption der Marktordnung, die den sich auf Hayek und die Österreichische Schule der Nationalökonomie berufenden Neoliberalismus von dem »ordoliberalen« unterscheidet. So führt Alexander Rüstow, einer der Hauptvertreter des Ordoliberalismus, das Defizit des klassischen Liberalismus auf die Kosmologie des Pythagoras und die Religiosität des antiken Griechenland zurück, insofern diese mit der Theorie der »unsichtbaren Hand« – die für Adam Smith in der Dynamik des Marktes die Harmonisierung von egoistischen Interessen des Individuums mit dem kollektiven Gemeinwohl leistet – zu dessen grundlegendem Entwicklungskern werden. Für Rüstow stellt eine solche »unsichtbare Harmonie« des Marktkosmos eine metaphysisch-theologische Erblast dar, die den Liberalismus in den 1930er Jahren dahin geführt hat, Nationalsozialismus und Kommunismus zu unterliegen, und die demnach aus dem von ihm vertretenen Neoliberalismus zu verbannen ist.[120] Für Hayek hingegen ist es gerade die – vorausgesetzte, aber für die in ihr agierenden Individuen letztlich unergründliche – Rationalität des Kosmos, die auch die

---

[120] Vgl. Alexander Rüstow, *Die Religion der Marktwirtschaft* (1949), Berlin 2009. Die in der kapitalistischen Weltanschauung inbegriffene kosmische Religiosität wäre jedoch nicht so sehr in einem dogmatisch-theologischen Sinne, sondern – wie es bei Hayek angelegt ist – in einem »kulturellen« Sinne zu verstehen, insofern diese die praktischen Verhaltensweisen der Individuen bedingt und steuert. Die Konzeption Max Webers radikalisierend, der in der protestantischen Ethik den Ursprung des Geistes des Kapitalismus ausgemacht hatte, bezeichnet Benjamin den Kapitalismus in *Kapitalismus als Religion* als »eine reine Kultreligion, vielleicht die extremste, die es je gegeben hat«. Walter Benjamin, »Kapitalismus als Religion«, in: ders., *Gesammelte Schriften*, Bd. VI, S. 100-103, hier S. 100.

spontane Ordnung des Marktes ausmacht. Sein Anliegen ist es, aus dem kosmischen Glauben des klassischen Liberalismus die Utopie einer Partei des Lebens zu machen: Genau darin besteht das Projekt seines Neoliberalismus.

Der utopische Kern, den Foucault dem Vorschlag Hayeks zuerkennt und der dessen neoliberalem Projekt seine Vielgestaltigkeit und globale Reichweite sichert, ist mit dem zusätzlichen Hinweis zu versehen, dass es sich um jene Art konservativer Utopie handelt, die auch die vormodernen Utopien darstellen. Indem er auf die binäre Logik einer modernen politischen Krise zurückgreift, die in den Konflikten der letzten Jahrhunderthälfte verankert ist, präsentiert Hayek seine »liberale Utopie« als Alternative zu der damals als dominant auftretenden sozialistischen Utopie: »Was uns heute mangelt, ist eine liberale Utopie, ein Programm, das weder eine bloße Verteidigung des bestehenden ist, noch einfacher als ein verwässerter Sozialismus erscheint, ein liberaler Radikalismus«[121]. In seiner Paraphrase dieses Textabschnitts von Hayek verstand Foucault jedoch, dass der Neoliberalismus nicht deswegen triumphiert, weil er es unternimmt, eine politische Regierungsalternative darzustellen, als sei er eine Partei gegen oder unter anderen, sondern insofern er ein regelrechtes Dispositiv »biopolitischer Gouvernementalität«

121 Friedrich August Hayek, »Die Intellektuellen und der Sozialismus« (1949), in: ders., *Wissenschaft und Sozialismus. Aufsätze zur Sozialismuskritik. Gesammelte Schriften*, Bd. 7, Tübingen 2004, S. 3-15, hier S. 15.

ausbildet. Seine eigentümliche Besonderheit ist demnach darin zu suchen, dass er eine Ordnung proklamiert, die sich nicht nur als alternativ zu vorherrschenden präsentiert, sondern als an sich vollkommen alternativlos:

> Deshalb glaube ich, dass der amerikanische Liberalismus sich gegenwärtig nicht nur allein und so sehr als eine politische Alternative darstellt, sondern sozusagen als eine Art von globaler, vielgestaltiger, mehrdeutiger Forderung mit einer Verankerung in der Linken und in der Rechten. Er ist auch eine Art von utopischem Mittelpunkt, der immer wieder neu aktiviert wird. [...] Es war Hayek, der vor einigen Jahren sagte: »Was wir brauchen, ist ein Liberalismus als lebendiger Gedanke«. Der Liberalismus hat immer den Sozialisten die Bemühung zur Fabrikation von Utopien überlassen, und dieser utopischen oder utopienbildenden Aktivität hat der Sozialismus viel von seiner Kraft und seiner historischen Dynamik verdankt. Nun, der Liberalismus braucht selbst auch eine Utopie. Es liegt an uns, liberale Utopien zu schaffen und über die Art und Weise des Liberalismus nachzudenken, anstatt den Liberalismus als eine alternative Regierungstechnik auszugeben. Der Liberalismus als allgemeiner Stil des Denkens, der Analyse und der Einbildungskraft.[122]

---

[122] Michel Foucault, *Die Geburt der Biopolitik. Geschichte der Gouvernementalität II*, Frankfurt/Main 2004, S. 304f.

Die neoliberale Utopie beschränkt sich – wie es eine bestimmte *Vulgata* hingegen darstellt, die diese in Kontinuität mit der liberalen Tradition sieht – auch bei Hayek selbst keineswegs darauf, die Einmischung des Staates und der Regierung in den freien Markt und die wirtschaftlichen Geschäfte auf ein Minimum zu reduzieren. Vielmehr zielt sie mit ihrem erklärten Willen, den Staat durch ein Privatunternehmen – oder genauer: durch die Konkurrenz und den Wettbewerb zwischen Privatunternehmen: die sogenannte *governance* – zu ersetzen,[123] darauf hin, keinerlei politischen Alternativen zuzulassen. Indem sie den Staat als ein Unternehmen wie alle anderen auch konzipiert,[124] erkennt die neoliberale Utopie dem freien Markt die Vorrechte der Politik zu, darunter auch jene Autonomie, die es erlaubt, sich selbst *iuxta propria principia* zu regieren. Denn während sich die Lehren des älteren Liberalismus, wie sie im 17. und 18. Jahrhundert in England und in Schottland entwickelt wurden, »nur auf den Gegenstand der Staatstätigkeit, nicht aber auf die Regierungsform

123 Der von Foucault untersuchte Text Hayeks schließt denn auch im Tonfall eines regelrechten Manifests: »Die praktischen Kompromisse müssen sie den Politikern überlassen. Freihandel und Freiheit der Möglichkeiten sind Ideale, die immer noch die Phantasie von vielen anzuspornen vermögen, aber lediglich ›vernünftiger Freihandel‹ oder ›Lockerung der Kontrollen‹ sind weder intellektuell ehrenwert, noch ist es wahrscheinlich, dass sie Enthusiasmus bewirken.« Hayek, *Die Intellektuellen und der Sozialismus*, a.a.O., S. 15.

124 »Doch was hier abzulehnen ist, ist nicht das Staatsunternehmen als solches, sondern das Staatsmonopol.« Hayek, *Die Verfassung der Freiheit*, a.a.O., S. 309.

erstreckten«[125], hat sich der »neue Liberalismus«, um politische Bedeutung zu erlangen, zuallererst die Frage der »Regierung« zu stellen: »Der neue Liberalismus unterscheidet sich vom alten vor allem darin, dass er sich des engen wechselseitigen Zusammenhanges zwischen wirtschaftlichen und politischen Institutionen bewusster ist.«[126] Mit dem Neoliberalismus ist die Regierungsform also kein Vorrecht des Staates mehr; vielmehr ist es der Markt, der diese erzeugt. In der neoliberalen Konzeption ist die Rolle des Staates folglich nicht nach seiner ausgeprägteren oder verminderten Fähigkeit zu einem Eingriff in die Marktdynamiken bestimmbar, sondern nach der »Funktion«, die er innerhalb der Regierung des Marktes einzunehmen hat. Diese Funktion ist in der unmittelbaren Folge der Krise von 2007/2008 mit der Rettung der Banken vor dem Konkurs und insbesondere mit der Austeritätspolitik, die auf die sogenannte Krise der Staatsschulden gefolgt sind, klar hervorgetreten. Weit davon entfernt, eine Form von Disziplinierung eines außer Kontrolle geratenen Marktes darzustellen, – haben diese Mittel sich als inhärentes Bestandteil der zeitlichen Logik des Risikos erwiesen, die für die »Finanzspekulation« bezeichnend ist, insofern sie letztlich die Stabilität der Ordnung gewährleisten und den Rücklauf und die Einziehung der Investi-

---

125 Friedrich August Hayek, »Politischer Liberalismus«, in: *Handwörterbuch der Sozialwissenschaften*, Bd. 6, Tübingen 1959, S. 591-596, hier S. 592.

126 Ebd., S. 594f.

tionen sichern.[127] Zudem schließt, um noch weiter zur Gegenwart aufzurücken, die Funktion des Staates innerhalb der neoliberalen Ordnung keineswegs autoritäre Abdriften aus – was im Lichte jener »Rückkehr des Staates« eigens hervorzuheben ist, von der heutzutage sowohl von Rechts wie von Links angesichts der »neuen Populismen« so häufig die Rede ist. Um bereits geläufige Bestimmungen der Krise wiederaufzunehmen und auf das gegenwärtige politische Szenario anzuwenden, ließe sich die These vertreten, dass die »unvollkommene Krise« der »neuen Populismen« mit ihrem Rückgriff auf die Figur des charismatischen Führers und auf das Bedürfnis nach einem starken Staat weder eine Konsequenz noch eine Alternative zur »vollkommenen Krise« des Neoliberalismus darstellt, sondern als deren Funktion voll und ganz mit dieser zusammenfällt. Man darf im Übrigen nicht vergessen, dass Chile unter Pinochet das erste Land war, das die neoliberale Politik umsetzte, und dass Hayek 1981 in einer chilenischen Zeitung erklärte: »Ich persönlich ziehe eine liberalen Diktator einer demokratischen Regierung vor, der es an Liberalismus mangelt.«[128] Im Gegensatz zu einem weit verbreiteten Glauben besteht zwischen neoliberalem Markt und Demokratie keineswegs eine unverbrüchliche

---

127 Vgl. Martijn Konings, *Capital and Time. For a New Critique of Neoliberal Reason*, Stanford CA 2018.

128 Friedrich August Hayek, »Interview in ›El Mercurio‹« vom 12. April 1981, S. D8-D9, puntodevistaeconomico.com/2016/12/21/extracts-from-an-interview-with-friedrich-von-hayek-el-mercurio-chile-1981.

und ausschließliche Verbindung. Vielmehr erfordert der Markt abhängig von den jeweiligen Umständen dasjenige politische Regime, das seiner Ordnung jeweils am funktionalsten entspricht.[129]

Hayek ist sich darüber im Klaren, dass eine solche Konzeption der spontanen Ordnung des Marktes nicht auf den ökonomischen Diskurs als solchen zu reduzieren ist, damit dieser Regierungsfunktionen übertragen werden können. Nicht zufällig wird Hayek nach seinen ersten Schriften die Reflexion auf die Wirtschaft im engeren Sinne aufgeben. Wir befinden uns in den 1930er Jahren, und die ökonomische Reflexion konzentriert sich wie selbstverständlich auf die Krise von 1929, auf ihre Ursachen und möglichen Lösungen. In Schriften wie *Monetary Theory and the Trade Cycle* (1933) und *Prices and Production* (1935) geht Hayek das Problem der Krise innerhalb der Theorie des allgemeinen wirtschaftlichen Gleichgewichts an: Das dabei angelegte Schema ist das »klassische« der Krise als ein Ungleichgewicht, das die Wiederherstellung des Wirtschaftszyklus zur Wiedererlangung des angestrebten Gleichgewichts vorsieht. In jenen Jahren setzt Hayek eine scharfe Polemik gegen den Keynesianismus ins Werk, die ihn sein ganzes Leben lang begleiten wird. Wie bekannt, ist zu jener Zeit der keynesianische Ansatz des *New Deal* vorherrschend, dem die Konzeption Hayeks unterliegt. Zur selben Zeit behauptet Karl

---

129 Vgl. Wendy Brown, *Die schleichende Revolution. Wie der Neoliberalismus die Demokratie zerstört*, Berlin 2018.

Polanyi, dass mit der Krise von 1929 die klassisch liberale Auffassung von der Selbstregulierung des Marktes unhaltbar wird, was eine »neue Utopie«, eine »große Transformation« nötig macht.[130] Auf seine Weise wird sich auch Hayek dessen bewusst. Die Niederlage gegen den Keynesianismus auf der Ebene der ökonomischen Lösungen zur Bekämpfung der Krise bildet die Vorbedingung einer Gegenattacke, die Hayek in einer weitaus größeren Dimension vortragen wird.

Er versteht nämlich, dass die Partie letzten Endes nicht auf dem »technischen« Feld der Ökonomie ausgetragen werden kann. Die Niederlage gegen Keynes war gerade der Reduktion des Problems der Krise auf die Frage nach der Wiederherstellung des Gleichgewichts des Wirtschaftszyklus geschuldet und nicht dem Gleichgewicht der »Regierung«. Deswegen werden der Markt und seine Zyklen jetzt nicht mehr auf der Grundlage des Kriteriums des Gleichgewichts, sondern nach jenem der *Ordnung* betrachtet. Ab den 1940er Jahren definiert Hayek den Markt in vollem Bewusstsein der Anwendung der Evolutionstheorie auf die Sozialwissenschaften als »spontane Ordnung«. Anlässlich des dritten Bandes von *Law, Legislation and Liberty* (1979) gelangt Hayek zu einer weiteren Präzisierung, die den Sinn der »spontanen Ordnung« endgültig aufklärt:

---

130 Vgl. Karl Polanyi, *The Great Transformation. Politische und ökonomische Ursprünge von Gesellschaften und Wirtschaftssystemen* (1944), Wien 1977.

> Obwohl mir der Ausdruck ›spontane Ordnung‹ noch immer gefällt und ich ihn gelegentlich verwende, gebe ich zu, dass ›selbstgenerierende Ordnung‹ oder ›selbstorganisierende Strukturen‹ mitunter genauer und unzweideutig sind, und deshalb verwende ich sie häufig an Stelle des früheren Ausdrucks. Ähnlich verwende ich, heutigem Sprachgebrauch gemäß, an Stelle von Ordnung gelegentlich ›System‹.[131]

Die spontane Ordnung des Marktes ist in jeder Hinsicht eine Form der Regierung, die ihr Ordnungsprinzip in sich selbst trägt und die demnach selbstgenerierend, selbstregulierend und selbstorganisierend verfährt. Eine rein ökonomische Definition des Marktes – die Hayek *táxis* nennt – könne der Tatsache nicht Rechnung tragen, dass dieser eine Ordnung der Regierung, einen *Kosmos*, darstellt:

> Die spontane Ordnung des Marktes, die aus dem Zusammenspiel vieler solcher Wirtschaften hervorgeht, unterscheidet sich so fundamental von einer ›Wirtschaft‹ im strengen Sinn des Wortes, dass es als großes Missgeschick angesehen werden muss, dass sie je mit demselben Namen belegt wurde. [...] Ich schlage vor, diese spontane Ordnung eines Marktes *Katallaxie* zu nennen, analog dem Ausdruck *Katallaktik*, der öfter als Ersatz für ›Ökonomik‹ (oder Wirtschaftstheorie) vorgeschlagen wur-

---

131 Hayek, »Recht, Gesetz und Freiheit«, a.a.O., XVI.

de (beide Ausdrücke, ›Katallaxie‹ und ›Katallaktik‹, stammen von dem altgriechischen Verb *katallattein* ab, das sehr bezeichnend nicht nur ›tauschen‹ und ›handeln‹, sondern auch ›in die Gemeinschaft aufnehmen‹ und ›vom Feind zum Freunde machen‹ bedeutet).[132]

Den Begriff der »Katallaxie« hatte bereits Ludwig Mises, der Lehrer Hayeks, in den Wortschatz der Österreichischen Schule eingeführt. Bei Mises bezeichnet »Katallaktik« jedoch nur den eng begrenzten Bereich spezifisch wirtschaftlicher Probleme, um die Analyse der auf Grundlage des Geldkalküls ausgeführten Handlungen zu bestimmen. Für Mises ist es hingegen die »Praxeologie«, die die Ökonomie als allgemeine Wissenschaft aller menschlichen Handlungen definiert.[133] Es kann demnach als besonde-

---

132 Friedrich August Hayek, »Grundsätze einer liberalen Gesellschaftsordnung« (1966), in: ders., *Freiburger Studien. Gesammelte Aufsätze*, Tübingen 1969, S. 108-125, hier S. 112. Zur Katallaxie vgl. auch Friedrich August Hayek, *Recht, Gesetzgebung und Freiheit*, Bd. 2: *Die Illusion der sozialen Gerechtigkeit*, München 1981, S. 149-180.

133 Berühmt ist die folgende Definition der Ökonomie als Praxeologie, die für die Entwicklung der Österreichischen Schule – Hayek eingeschlossen – und des Neoliberalismus als Regierung der Verhaltensweisen grundlegend bleibt: »Die Praxeologie behandelt nicht die Außenwelt, sondern das menschliche Verhalten in Bezug zu dieser. Die praxeologische Wirklichkeit ist nicht das physikalische Universum, sondern die bewussten menschlichen Reaktionen auf den gegebenen Zustand dieses Universums. Die Ökonomie hat es nicht mit Dingen und greifbaren materiellen Objekten zu tun; sie hat es mit Menschen, ihren Intentionen und Handlungen zu tun.« Ludwig Mises, *Human Action. A Treatise on Economics* (1949), Auburn 1998, S. 92.

rer Zug Hayeks gelten, dass er der Katallaxie nicht nur eine über die wirtschaftliche Ordnung als solche hinausgehende Reichweite verliehen, sondern eine regelrechte Regierungsfähigkeit zugeschrieben hat. Der spontanen Ordnung des Marktes eine »katallaktische« Qualität zuzurechnen, bedeutet der griechischen Etymologie des Wortes zufolge, auf die sich auch Hayek beruft, die Tauschwirtschaft als unmittelbar mit einer »Regierung« ausgestattet aufzufassen, die dadurch – der anderen Bedeutung des Verbs *katallattein* gemäß – imstande ist, »auszugleichen, zu versöhnen, Feindschaft, Krieg und Konflikt beizulegen«.

Welche Art von »Ausgleich« aber sichert die *Katallaxie*? Es ist schließlich stets der »Austausch« – von Interessen, Gewinnen, Vorteilen –, der zu einem Aussetzen der Fehden und Feindschaften bewegt: Der Ausgleich, die Aussöhnung, die die Katallaxie mit sich bringt, hebt den Konflikt oder den Krieg keineswegs auf, sondern unterbricht ihn, und zwar wohlgemerkt nicht im Namen eines höheren, sondern eines im Augenblick vorteilhafteren Interesses. Die *Katallaxie* bringt keine politische Gemeinschaft hervor; vielmehr ist ihre Politik stets von einem besonderen und bestimmten Interesse bedingt. Eine solche Betrachtung lässt sich aus dem »politischen« Gebrauch gewinnen, die eine der maßgeblichsten Quellen jener griechischen Welt, auf die Hayek uns verweist, vom Verb *katallattein* macht. Es handelt sich um Thukydides und einen Abschnitt aus *Der Peloponnesische Krieg,* in dem der Sirakuser Hermokrates in seiner Rede an die Sikelioten die Zuhörerschaft zwar dazu anspornt, die Fehden zwischen den sizilischen Städten auszusetzen, dies aber mit dem Argument unterlegt, dass in diesem Augenblick ein »Ausgleich« zwischen ihnen in ihrem Interesse vorteilhafter ist als der Krieg, da ein anderer Krieg, derjenige gegen die Athener, zu bestreiten sei und ihnen größeren Vorteil einbrächte:

> Nun, dass Krieg zu führen eine schwere Last ist – wozu sollte man alles, was in diesem Thema enthalten ist, hervorklauben und vor Wissenden lange ausbreiten? Sich einzulassen auf Krieg wird ja keiner durch Unkenntnis verführt und ebenso keiner durch Furcht abgeschreckt, wenn er sich denn einen Vorteil davon verspricht. Sondern es geht so: Den einen stellen sich die Gewinnchancen größer dar als die Risiken, die anderen ziehen es vor, die Gefahren zu bestehen als auf der Stelle einen Nachteil hinzunehmen; wenn es sich nun aber trifft, dass beide Seiten genau dies nicht zum rechten Zeitpunkt tun, dann können Aufrufe zur Versöhnung nützlich sein. Eben dies könnte sich für uns in der gegenwärtigen Lage, wenn wir darauf eingehen wollen, als äußerst wertvoll erweisen; denn in der Absicht, seine eigenen Interessen durchzusetzen, hat jeder von uns anfangs den Krieg begonnen, in dieser Absicht suchen wir jetzt durch kontroverse Diskussion miteinander nach einem Ausgleich (*katallagenai*) und werden wir, falls es nicht gelingt, jeden im Besitz

seines guten Rechtes aus dem Ring gehen zu lassen, wieder mit dem Krieg anfangen.[134]

Die politische Ordnung, die die *Katallaxie* bestimmt, stützt sich auf das Kriterium des größtmöglichen Vorteils und des stärksten Interesses. Austausch und Ausgleich finden stets zwischen Interessen und Vorteilen statt; sie heben den Konflikt nicht auf, sondern deklinieren ihn von Gelegenheit zu Gelegenheit gemäß dem Prinzip momentanen Nutzens. Diese Beweglichkeit und Verschiebung des Konflikts – der immer neue und andere Parteien und Subjekte ausmacht und durchzieht – ließen sich in Begriffen des Wettbewerbs und der Konkurrenz bestimmen. Die Politik der *Katallaxie* setzt sich nicht die Schaffung einer Gemeinschaft zum Ziel. Sie besteht vielmehr darin, den Konflikt und seine Potenz der Logik des größten Vorteils und Nutzens zu einem gegebenen Zeitpunkt unterzuordnen – darin liegt die »politische« Logik des Marktes. Der moderne politische Konflikt – der Klassenkonflikt oder allgemeiner, der klassischen Formulierung Carl Schmitts zufolge, derjenige zwischen Freund und Feind –[135] wird innerhalb des

---

134 Thukydides, *Der Peloponnesische Krieg*, Berlin/Boston 2017, S. 697 (IV, 59).

135 Der Vergleich mit der juridischen Konzeption Schmitts und seinem »Freund-Feind«-Kriterium stand Hayek deutlich vor Augen, der sich insbesondere in *Recht, Gesetz und Freiheit* darauf bezieht. Vgl. Hayek, »Recht, Gesetz und Freiheit«, a.a.O., S. 73. – Die »politische« Grundoperation der Katallaxie besteht gerade in einer Verwandlung des »politischen Feindes« in einen »wirtschaftlichen Konkurrenten«, der an der Aufrechterhaltung der Ordnung der Großen Gesellschaft

Marktes prekarisiert, zerstreut, und daher in seiner Form des Wettbewerbs und der Konkurrenz neutralisiert, die schließlich sogar als Bindemittel der globalen Großgesellschaft fungieren. Die Neutralisierung des politischen Konflikts – »Feindschaft, Krieg und Klassenkampf beizulegen« – ist die Bedingung der Konkurrenz, die die katallaktische Ordnung des Marktes regiert. Auf diese Weise triumphiert die Partei des Lebens schließlich über die Klassenpartei.

5.2. Urteil ohne Gerechtigkeit

In der Katallaxie ist demnach keine potenziell alternative politische Regierung vorgesehen. Im Gegenteil – das ist hier noch einmal zu unterstreichen –, die staatliche Politik ist von dieser einen Regierung abhängig: Der Staat ist nicht mehr der Hauptakteur und die bevorzugte Form der Politik.[136] Das bedeutet nun keineswegs, dass die Regie-

---

mitwirkt: »Dass wir an der Verwirklichung der Ziele anderer Leute mitwirken, ohne diese zu teilen oder sie auch nur zu kennen, und allein deshalb, damit wir unsere eigenen Ziele erreichen, ist der Grund für die Stärke der Großen Gesellschaft. Solange Zusammenarbeit gemeinsame Ziele voraussetzt, sind Leute mit unterschiedlichen Zielen notwendigerweise Feinde, die vielleicht miteinander um dieselben Mittel kämpfen«. Ebd., S. 261.

136 Pierre Dardot und Christian Laval sehen in der Funktion des Staates, der als ein Subjekt des Privatrechts unter anderen betrachtet wird und dennoch aufgefordert ist, mit seiner gesetzgebenden Tätigkeit die Logik des Privatrechts auf allen Ebenen durchzusetzen, die Be-

rung des Marktes nicht von einer Ordnung getragen würde; jedoch besitzt diese Ordnung keinerlei »politischen« Zweck mehr: Die Politik, deren Träger die katallaktische Ordnung des Marktes ist, ist von anderer Beschaffenheit.[137] Hayek zufolge gibt es außerhalb des Marktes keinen Raum, in dem die Politik im Namen der Gerechtigkeit oder eines gemeinsamen Zweckes intervenieren könnte, um die gegebene Ordnung wieder auszugleichen oder auch zu stören und demnach um die Konflikte zu verwalten oder zu befördern:

> Die Vorstellung, dass es keine rationale Politik ohne eine gemeinsame Skala konkreter Ziele geben könne, impliziert jedoch eine Interpretation der Katallaxie als einer eigentlichen Wirtschaft und ist aus diesem Grunde irreführend. Politik muss nicht durch das Streben nach Errei-

---

sonderheit des Beitrags von Hayek zur »neoliberalen Rationalität« und den tiefsten Bruch mit dem klassischen Liberalismus. Vgl. Pierre Dardot/Christian Laval, *La nouvelle raison du monde. Essai sur la société néolibérale*, Paris 2010.

137 Für gewöhnlich wird der Unterschied zwischen den beiden Schulen des Neoliberalismus – des deutschen Ordoliberalismus und des österreichisch-amerikanischen Neoliberalismus – an der Rolle des Staates festgemacht. Die Ordoliberalen sehen die Intervention des Staates vor, um den Markt vor Lobbyismus und monopolistischen Konzentrationen zu schützen und um so eine »soziale Marktwirtschaft« einzusetzen. Für Hayek hingegen entsteht eine solche »politische« Funktion innerhalb der Dynamiken des Marktes selber. Für eine Analyse der Unterschiede und wesentlichen Analogien zwischen austroamerikanischem und ordoliberalem Neoliberalismus vgl. De Carolis, *Il rovescio della libertà*, a.a.O., insbes. S. 122-137 und S. 206-222.

chung bestimmter Resultate geleitet werden, sondern kann darauf gerichtet sein, eine abstrakte Gesamtordnung von einem solchen Charakter zu sichern, dass sie ihren Mitgliedern die beste Chance gewährt, ihre verschiedenen und weitgehend unbekannten besonderen Ziele zu erreichen.[138]

Auch die Gerechtigkeit kann weder den gemeinsamen Zweck einer Gesellschaft darstellen noch die Voraussetzung einer beliebigen politischen Gemeinschaft bilden. Der Beschneidung einer gegenüber der Marktordnung »autonomen« Politik entspricht eine Rückverlegung der Gerechtigkeit ins Innere des *common law*,[139] das dazu berufen ist, die fundamentale Funktion auszufüllen, die Verhaltensweisen der Individuen oder der »Bevölkerung« als Gesamtheit der mit dem Erreichen der eigenen Partikularzwecke beschäftigten Individuen zu »regieren«. Während »soziale Gerechtigkeit« für Hayek, insofern sie aus der Politik hervorgeht und von dieser »geplant« wird, einen sinnlosen Ausdruck darstellt, ist Gerechtigkeit dennoch nicht völlig aus der Ordnung des Marktes ausgeschlossen:

---

138 Hayek, *Recht, Gesetzgebung und Freiheit*, Bd. 2, a.a.O., S. 157.

139 Das mittelalterliche englische Recht sah einen *court of equity* vor, der eine Art von sozialer oder materieller Gerechtigkeit schützen sollte und den die Bürger anrufen konnten, um zu verlangen, dass die Rechtssprüche der Gerichte des *common law* aufgehoben oder modifiziert wurden. In der Folge wurde das *law of equity* in das *common law* integriert.

> Aber eben die Gerechtigkeit in diesem Sinne beschäftigt die Gerichte und ist die ursprüngliche Bedeutung von Gerechtigkeit, die das Verhalten der Menschen bestimmen muss, wenn ein friedliches Zusammenleben freier Menschen möglich sein soll. [...] Gerechtigkeit im Sinn von Regeln gerechten Verhaltens [ist] unerlässlich für den Verkehr zwischen freien Menschen.[140]

Wir haben es hier mit einer exakten Umkehrung des platonischen Ansatzes zu tun: Es ist jetzt das Gericht, das die Gerechtigkeit regelt, und nicht mehr die eine *pólis* begründende Gerechtigkeit, die die Entscheidungen des Gerichts »gerecht« macht. Dieselbe Umkehrung lässt sich im Vorrang ausmachen, den Hayek dem »Richter« gegenüber dem »Gesetzgeber« – oder wie Platon sagen würde: dem »Staatsmann« – einräumt:

> Es wurde bereits betont, dass das Ideal individueller Freiheit anscheinend vornehmlich bei solchen Völkern gedieh, bei denen wenigstens über längere Zeitspannen hinweg Richterrecht vorherrschte. Das schreiben wir dem Umstand zu, dass Richterrecht mit Notwendigkeit gewisse Eigenschaften aufweist, welche die Beschlüsse des Gesetzgebers nicht haben müssen und wahrschein-

[140] Hayek, »Recht, Gesetz und Freiheit«, a.a.O., S. 248f.

lich nur dann haben, wenn der Gesetzgeber Richterrecht zum Modell nimmt.[141]

Der Richter ist nicht dazu aufgerufen, eine Ordnung hervorzubringen oder zu schaffen, eine »Konstitution« einzusetzen: Die seinige ist keine »konstituierende Macht«. Er »setzt« nicht das Gesetz, sondern »findet« und »entdeckt« es (*law finding*) innerhalb einer vorausgesetzten Ordnung durch die Verhaltensnormen der Einzelnen, über die er – von Fall zu Fall und immer unter besonderen Umständen – das eigene Urteil auszusprechen hat. Die Ordnung erzeugt die Verhaltensnormen und nicht umgekehrt. Der Richter hat die Abweichungen und Abnormitäten der Verhaltensweisen zu korrigieren oder muss sie wieder in die Ordnung eingliedern, sie zur *Norm* und Normalität zurückführen.[142] Die Ordnung entwickelt sich wie ein Organismus,[143] inso-

---

141 Ebd., S. 97.

142 Alain Supiot schreibt Hayek die Pervertierung des *common law* in einen »normativen Darwinismus« zu, demzufolge das Recht schließlich auf der freien Konkurrenz gründet (und nicht diese in jenem), um damit die »Selektion der Regeln und Praktiken« zu begünstigen, die sich der Ordnung des Marktes jeweils am besten anpassen. Vgl. Alain Supiot, *La gouvernance par les nombres. Cours au Collège de France (2012-2014)*, Paris 2015, S. 206-213.

143 Strenggenommen lehnt es Hayek ab, die spontane Ordnung auf eine »organizistische« Konzeption zurückzuführen, insofern er den hierarchischen und vorgegebenen Charakter der Funktionen innerhalb des Organismus zurückweist: »Organismen sind tatsächlich eine Art von spontaner Ordnung, und als solche weisen sie viele der typischen Merkmale anderer spontaner Ordnungen auf. Die Versuchung lag daher nahe, Ausdrücke wie ›Wachstum‹, ›Anpassung‹ und

fern sie vermittels ihrer Selbsterhaltung selbstregulierend ist: Die Verhaltensweisen müssen auf die Erhaltung der Ordnung ausgerichtet sein. Die individuellen Verhaltensweisen – seien sie auch auf den ersten Blick *exzentrisch* – müssen funktional zur Ordnung sein. Genau darin liegt die Funktion des Richters:

> Die Behauptung, dass die Richter durch ihre Entscheidung von Einzelfällen mit der Zeit einem System von Verhaltensregeln nahekommen, das der Schaffung einer effizienten Handelnsordnung sehr förderlich ist, wird plausibler, sobald man erfasst, dass es sich hier im Grunde um

---

›Funktion‹ von ihnen zu entlehnen. [...] Die Hauptbesonderheit von Organismen, die diese von den spontanen Ordnungen der Gesellschaft unterscheidet, ist die, dass in einem Organismus die meisten der einzelnen Elemente ihren festen Platz haben, den sie, zumindest wenn der Organismus seine Reife erreicht hat, ein für alle Mal behalten.« Hayek, »Recht, Gesetz und Freiheit«, a.a.O., S. 54. – Wahrscheinlich fehlte Hayek ein Begriff und ein Bereich wie derjenige der Biopolitik, in dem die Erhaltung der Ordnung durch die Förderung der individuellen Instanzen gefördert wird, die an der Selbstorganisierung und der Selbstgenerierung der spontanen Ordnung mitwirken. Hayek beobachtete jedoch mit Interesse die Entwicklung der Kybernetik. Übersetzt man das selbstorganisierende System der Kybernetik in eine Form der Regierung (»Kybernetik« leitet sich im Übrigen schon etymologisch vom griechischen *kybernetike téchnē* her, was »Kunst der Steuerung, Leitung, Herrschaft« bedeutet), hat man den Übergang zur Biopolitik bereits vollzogen: »Erst in neuester Zeit ist innerhalb der physikalischen Wissenschaften unter dem Namen Kybernetik eine eigene Disziplin entstanden, die sich ebenfalls mit sogenannten selbstordnenden oder selbstgenerierenden Systemen beschäftigt.« Ebd., S. 39.

einen Prozess derselben Art handelt, in der sich alle geistige Entwicklung vollzieht.[144]

Obgleich von Fall zu Fall verschieden, ist das »Urteil« des Richters stets auf die Bestätigung, Bekräftigung und Legitimierung der Ordnung ausgerichtet. Daher entspricht die Gerechtigkeit in der spontanen Ordnung der Rechtmäßigkeit der Verhaltensweisen, d. h. ihrer Angleichung an die Ordnung. Schon seit Platon wird vom Urteil des Richters Rechtmäßigkeit verlangt, mit Hayek jedoch muss diese Rechtmäßigkeit, um also solche zu gelten, nicht mehr notwendig die Gerechtigkeit voraussetzen. Das Urteil des Richters besitzt vielmehr die Funktion, die Gesellschaft jedes Mal an den Wandel der Umstände »anzupassen«, damit die auf natürlichem Wege exogen eingreifenden Transformationen in endogene umgewandelt und auf die Erhaltung der Ordnung hin orientiert werden, d. h. auf eine Ordnung, die sich vermittels ihrer Erhaltung entwickelt: »Die Bemühungen des Richters gehören somit zu jenem Vorgang der Anpassung der Gesellschaft an sich wandelnde Umstände, in dem die spontane Ordnung wächst.«[145] Für Hayek bildet der Markt das Modell schlechthin einer spontanen Ordnung, insofern er weder Kriterien der Politik noch der Gerechtigkeit unterliegt; sein einziges Kriterium ist die Selbsterhaltung:

---

144 Ebd., S. 121.

145 Ebd., S. 122.

> Doch obwohl der Richter nicht verpflichtet ist, einen bestimmten *status quo* zu wahren, ist er verpflichtet, an den Grundsätzen festzuhalten, auf denen die bestehende Ordnung beruht. Bedeutsam ist seine Aufgabe tatsächlich nur im Rahmen einer spontanen und abstrakten Handelnsordnung, wie sie etwa der Markt darstellt.[146]

Hayek nennt das Recht der Richter, das die Verhaltensnormen der Individuen regelt, auch *nómos*. *Nómos*, derselbe griechische Begriff, der für Carl Schmitt die souveräne Macht auf »Erden« begründet, bezeichnet für Hayek die gouvernamentale Macht, die die Ordnung des Marktes verwaltet, indem sie die Verhaltensnormen der Individuen und der Bevölkerung reguliert. Es handelt sich hier aber nicht darum, durch eine bestimmte Interpretation von Platon und Schmitt in der Rückkehr zur souveränen Macht eine Alternative zur neoliberalen Gouvernementalität auszumachen. Ganz im Gegenteil. Es geht vielmehr darum hervorzuheben, dass bei Hayek die platonische Unterscheidung zwischen Recht und Gerechtigkeit sowie zwischen rechtlicher und politischer Entscheidung vollkommen abhanden gekommen ist, was es heute erlaubt, ausgehend von Foucault, von der Biopolitik als vorherrschender Regierungsform zu sprechen und die Krise und ihre Modalität des Urteils – die Platon aus dem Bereich der Politik ausgeschlossen hatte – zur Regierungskunst zu erheben. Ha-

146 Ebd., S. 123.

yek hatte die Durchsetzung dieser Krise, die mittels obligatorischer Entscheidungen regiert und sich dann etabliert, »wenn es keine Alternative gibt«, am Ende von *Law, Legislation and Liberty* sogar selbst prognostiziert: »Ich habe in diesem Werk zu skizzieren versucht, wie aus dem Prozess des Verfalls der derzeitigen Herrschaftsform herauszukommen wäre und eine geistige Notfallausrüstung zusammengestellt, die dann verfügbar sein wird, wenn wir keine andere Wahl haben, als das wankende Bauwerk durch eine bessere Konstruktion zu ersetzen, statt uns in Verzweiflung irgendeinem diktatorischen Regime in die Arme zu werfen.«[147] Wenn die Alternative zur spontanen Ordnung des Marktes ein diktatorisches Regime ist, dann gibt es – ein weiteres Mal – keine Alternative, die Entscheidung ist obligatorisch. Das gilt umso mehr heutzutage, da sich die »autoritäre Demokratie« oder der »Populismus« als Alternative zum Neoliberalismus präsentieren, wo sie doch vielmehr zu der »vollkommenen Krise« der spontanen Ordnung des Marktes funktional sind.[148]

---

147 Ebd., S. 458f.

148 Um die gegenwärtigen Formen von Autoritarismus und Populismus zu interpretieren – von Donald Trump bis hin zu den unterschiedlichen Regierungen von dieser Art überall in Europa –, wird häufig auf die marxsche Analyse des »Bonapartismus« in *Der 18. Brumaire* zurückgegriffen. Vgl. z. B. Martin Beck/Ingo Stützle (Hg.), *Die neuen Bonapartisten. Mit Marx den Aufstieg von Trump & Co. verstehen*, Berlin 2018. Die marxsche Analyse wäre allerdings durch die Interpretation zu ergänzen, die Gramsci vom Bonapartismus liefert (auf den er den italienischen Faschismus zurückführt), nämlich als eine »unorganische Krise«, die zur »organischen Krise« des Kapitalismus funktional ist.

III

Sobald eine Krankheit ihren höchsten Stand erreicht hat, ist es erforderlich, dass man die magerste Diät befolge.

Hippokrates[149]

149 Hippokrates, »Aphorismen« I, 8, a.a.O., S. 69.

1. Die Lebensform des Prekariats

Wie bei jeder medizinischen Krise bedingt die Diagnose der Krankheit stets die verbindliche Anweisung der einzuhaltenden Lebensführung, um überleben, genesen und wohlbehalten aus der Krise herausfinden zu können. Wie uns Hippokrates erinnert, haben diese Anweisungen umso strenger, restriktiver und »magerer« auszufallen, desto schwerwiegender die Krankheit ist und desto später sie diagnostiziert wird: ein regelrechtes Regime der *Austerity*. Die biopolitische Krise führt demnach – als ihr intrinsisches Element – zu einem wirkmächtigen Subjektivierungsprozess, der die Existenz auf einen beständigen Schwebezustand zwischen Leben und Tod festlegt.[150] Dieser Zustand wird innerhalb der spontanen Ordnung des Marktes zur Regel; denn die Krise betrifft und aktiviert die von der schwebenden Verfassung zwischen Leben und Tod herbeigeführten subjektiven Seelenzustände wie Vertrauen, Ansehen, Glauben, Schuld, Erwartung, Angst und Aufopferung gerade als Dispositiv einer Ordnung – und nicht als ein »technischer« und zeitlich gebundener Faktor des

---

[150] In der biopolitischen Krise, die sich auf die Lebensformen auswirkt, stellt sich ein solcher Subjektivierungsprozess am Überschneidungspunkt von Politik und Anthropologie ein. Vgl. Federica Giardini, *I nomi della crisi. Antropologia e politica*, Mailand 2017.

Ungleichgewichts im allgemeinen Gleichgewicht der Wirtschaftszyklen.[151] Und sie investiert in diese.

Hayek bestimmt die spontane Ordnung des Marktes als *Kosmos*, gerade um diese von einer ökonomischen Ordnung im technischen Sinne zu unterscheiden:

> Während eine eigentliche Wirtschaft eine Organisation in dem technischen Sinn ist, in dem wir dieses Wort definiert haben, also die überlegte Gestaltung der Verwendung der einer einzelnen Entscheidungsinstanz bekannten Mittel, ist der *Kosmos* des Marktes nicht von einer solchen einzigen Zielfolge beherrscht und könnte es auch nicht sein; er dient der Vielfalt gesonderter und inkommensurabler Ziele aller seiner einzelnen Mitglieder.[152]

Entfällt einmal die Berücksichtigung des Zieles innerhalb der Marktdynamiken, wird zugleich auch das einzige Kriterium des Maßes, das der klassische Liberalismus ab Adam Smith für diese bereitstellte, beseitigt: das Wohl der Kollektivität als spontanes Resultat der auf das jeweilige egoistische Interesse ausgerichteten Initiative der Individuen (die Theorie der *unsichtbaren Hand*). Ohne einen solchen beurteilbaren Wertemaßstab entspricht der Markt

---

151 Zur psychischen und emotiven Dimension des vom Neoliberalismus eingesetzten Verschuldungsregimes vgl. Elettra Stimilli, *Debito e colpa*, Rom 2015, S. 149-188. Vgl. dazu allgemeiner Judith Butler, *Psyche der Macht. Das Subjekt der Unterwerfung*, Frankfurt/Main 2002.

152 Hayek, »Recht, Gesetz und Freiheit«, a.a.O., S. 259.

nicht mehr einer eigentlichen Wirtschaft im engen Sinne, sondern gestaltet sich als Kosmos aus.

Sich in den *Kosmos* des Marktes einbegriffen finden, ein Teil davon zu sein, bringt eine weitere Konsequenz mit sich, die sich nachhaltig auf die von der neoliberalen Rationalität hervorgebrachten Subjektivierungsprozesse auswirkt. Die in den *Kosmos* involvierten Individuen besitzen eine nur »beschränkte« Fähigkeit, dessen Gesamtgestalt zu verstehen und zu begreifen und folglich auch, das »Schicksal« ihrer Handlungen zu beherrschen:[153]

> Deren Komplexitätsgrad [einer spontanen Ordnung oder eines *Kosmos*] ist nicht auf das beschränkt, was der Verstand eines Menschen beherrschen kann. Ihr Vorhandensein braucht für uns keineswegs sinnfällig zu sein, sondern kann auf rein *abstrakten* Beziehungen beruhen, die wir nur im Geiste rekonstruieren können. Und da sie nicht erzeugt wurde, kann man *nicht* zu Recht behaupten, sie hätte *einen bestimmten Zweck*.[154]

Die Rationalität der Ordnung des *Kosmos* – sei diese nun natürlicher oder göttlicher Art – ist in jedem Falle übermenschlich; der neoliberale Kosmos aktualisiert demnach

---

153 Die Annahme der »Beschränktheit« der rationalen Fähigkeiten der einzelnen Individuen stellt einen der grundlegenden Beiträge der Österreichischen Schule (Hayek, Mises) zum neoliberalen Diskurs *tout court* dar. Vgl. Giovanni Leghissa, *Die Verfirmung der Gesellschaft. Zur Kritik des Neoliberalismus*, München 2014.

154 Hayek, »Recht, Gesetz und Freiheit«, a.a.O., S. 40f.

eine antike Konzeption der menschlichen Kondition: »Der Mensch ist nicht Herr seines Schicksals und wird es nie sein: Gerade seine Vernunft schreitet immer dadurch fort, dass sie ihn ins Unbekannte und Unvorhergesehene weiterführt, wo er Neues lernt.«[155]

Foucault hat den Subjektivierungsprozess klar bestimmt, den das Leben innerhalb der kosmischen Marktordnung auslöst. »Gefährlich zu leben« – d. h. der beständigen Bedrohung durch den Tod ausgesetzt zu sein – macht für Foucault die Eigentümlichkeit der neoliberalen Gouvernementalität aus:

> Man kann sagen, dass die Devise des Liberalismus ist, ›gefährlich zu leben‹. ›Gefährlich zu leben‹, das bedeutet, dass die Individuen fortwährend in eine Gefahrensituation gebracht werden oder dass sie vielmehr darauf konditioniert werden, ihre Situation, ihr Leben, ihre Gegenwart, ihre Zukunft usw. als Träger von Gefahren zu empfinden. Und dieser Anreiz der Gefahr ist, glaube ich, eine der wichtigsten Implikationen des Liberalismus.[156]

Man hat jedoch Vorsicht walten zu lassen: Die neoliberale Gouvernementalität besteht in der »Bedrohung« durch den Tod, in der Ausbildung einer existentiellen Verfasstheit, die den Anstoß dafür liefert, das eigene Leben innerhalb

---

155 Ebd., S. 483f.

156 Foucault, *Die Geburt der Biopolitik*, a.a.O., S. 101.

jener Ordnung zu schützen und zu erhalten, die als einzige das Überleben sichern zu können scheint. Um innerhalb des Kosmos zu überleben, wird das eigene Leben zur Materie einer beständigen Anpassung. Diese Anpassung gestaltet sich als »gefährlich zu leben« aus, als Unternehmensrisiko, die unumgängliche Bedingung dafür, sich das Vertrauen des Marktes zu verdienen, »auf dem Markt zu bleiben«. Dass die Subjekte beständig ihre eigenen Lebensformen modellieren, um in der kosmischen Marktordnung überleben zu können – und folglich nicht, um der souveränen Ordnung zu gehorchen –, darin liegt ein wesentlicher Aspekt der neoliberalen Gouvernementalität. Genau in diesem Sinne entspricht diese der Definition der Biopolitik, die Foucault in *Der Wille zum Wissen* geliefert hat: »eine Macht, leben zu *machen* oder in den Tod zu *stoßen*«.[157]

Wenn sich die gegenwärtige Krise auf einer biopolitischen Ebene ausformt, müssen auch die Subjektivierungsprozesse und die von diesen in der Gesellschaft bewirkten Konflikte auf eben dieser Ebene gedacht werden: Die Prekarität ist das Kind *dieser* Krise, die diese im Tausch gegen das Überleben alternativlos auf ihre Verfasstheit zu verpflichten scheint; eine Verfasstheit, die das Überleben mit der fortgesetzten »Anpassung« an die wandelbaren und veränderlichen Umstände des Marktes zusammenschließt, welche die Existenz des Prekären einem »Schicksal« aussetzen, dessen Herr er nicht ist und das die Lebenszeit in

[157] Michel Foucault, *Der Wille zum Wissen. Sexualität und Wahrheit Bd. 1*, Frankfurt/Main 1977, S. 165.

einem natürlichen und biologischen Sinne orientiert wie die zyklische Wiederholung einer ewigen Gegenwart. Eine solche Unerschütterlichkeit der Ordnung gegenüber den Geschicken der Individuen rechtfertigt jedoch keineswegs eine fatalistische Hinnahme der eigenen Kondition, sondern verlangt vehement die Steigerung der Fähigkeit zur Anpassung und die Beschleunigung der Lebensrhythmen.[158] Man hat »flexibel« zu sein und jene »Plastizität« dem Imperativ der Anpassung zu unterstellen, mit der sich jede Lebensform aktiv und kreativ auf ihre Umwelt und deren Veränderungen bezieht.[159] Kein einzelnes Individuum ist jedoch – um »auf dem Markt zu bleiben« – dazu in der Lage, die eigene Anpassung mit der Geschwindigkeit zu »aktualisieren«, in der sich die »Reproduktion« der eigenen Lebensform vollzieht.[160] Die Prekarität ist folglich zu-

---

158 Auch in der Debatte um den »Akzelerationismus« wird die Figur der Prekarität als besonderes Produkt der Zeitlichkeit in der Spätmoderne betrachtet. Vgl. zumindest Hartmut Rosa, *Beschleunigung und Entfremdung. Entwurf einer kritischen Theorie spätmoderner Zeitlichkeit*, Berlin 2013.

159 Vgl. Catherine Malabou, *Was tun mit unserem Gehirn?*, Zürich 2006. Malabou stellt die Differenz zwischen Flexibilität und Plastizität auch in neuronaler und biologischer Hinsicht heraus, insofern Plastizität einen Bezug zur Umwelt impliziert, der nicht auf Anpassung abgestellt, sondern wesentlich konfliktueller Natur ist.

160 Zum Paradigma einer politischen Ökonomie der »sozialen Reproduktion«, wie es von Strömungen des Feminismus stark gemacht wird, vgl. Federica Giardini/Gea Piccardi, *Produzione e riproduzione. Genealogie e teorie*, Rom 2015. Grundlegend für diese Perspektive ist Silvia Federici, *Caliban und die Hexe. Frauen, der Körper und die ursprüngliche Akkumulation*, Wien 2012.

allererst die Verfasstheit des Lebens, wie sie von der Position des einzelnen Menschen innerhalb des Marktkosmos bestimmt wird.

Deshalb ist es auch ausschließlich das Leben des oder der Prekären, das die an sich unzusammenhängenden Fragmente ihrer Arbeitsexistenz zusammenhält und in Form bringt, die sich oftmals gegensätzlich entgegenstehen und zu obligatorischen Entscheidungen nötigen, als befänden diese sich zwischen Leben und Tod. Nur dem ersten Anschein nach steht die Wahl frei. Zwar legen kein Befehl und keine äußerliche Anweisung den Prekären auf eine bestimmte Entscheidung fest, aber deswegen kann eine solche Wahl nicht auch schon als frei gelten, insofern sie innerhalb des Dispositivs der biopolitischen Krise getroffen wird: Es handelt sich vielmehr um eine Wahl zwischen Leben und Tod, und damit um eine obligatorische Entscheidung.[161]

---

[161] Dass die vom Neoliberalismus ins Spiel gebrachte Wahlfreiheit nur eine scheinbare ist, lässt sich ersehen, wenn nicht nur die Figur des Unternehmers, sondern auch die des Konsumenten in Betracht gezogen wird. Colin Crouch macht in dem Vorrecht, das der »Konsumentenwohlfahrt« zum Nachteil von dessen Wahlfreiheit zuerkannt wird, einen der bezeichnenden Züge des neoliberalen Marktes aus. Dieser Markt kennt daher die Vorherrschaft der »gigantischen Konzerne«, d. h. jener transnationalen Unternehmen, die in ihrem jeweiligen Sektor auf dem Markt als Monopolisten agieren und die nicht allein wirtschaftliche, sondern ebenso politische und juridische Macht besitzen, um die Bedürfnisse und Vorstellungswelten des Konsumenten zu kolonisieren und damit dessen »Wohlfahrt« vorherzubestimmen: »Während die Wahlfreiheit der Konsumenten ein demokratisches Konzept ist, bei dem der einzelne Verbraucher selbst entscheidet, was er will, ist die Idee der ›Konsumentenwohlfahrt‹ ein technokratisches Konzept: Hier entscheiden Richter und Wirtschafts-

Jedwede Entscheidung erzeugt dabei nur neue Gegenüberstellungen, ohne jede Lösungsmöglichkeit. Wie Paolo Virno *mutatis mutandis* bezüglich der Multitude festgestellt hat, entlädt sich die Konfliktualität des Prekariats letztlich – in Form von Schuldgefühlen und der Überzeugung, in der Schuld anderer zu stehen –[162] *gegen* sich selbst und – in Form der Konkurrenz – *gegen* diejenigen, die dessen Kondition und Lage teilen.[163] Dies ist die Konsequenz einer Konfliktualität, die nicht mehr auf ihren modernen dualistischen und dichotomischen Begriff zurückzuführen ist, wie er für den überwiegenden Teil der Philosophie und Politik des 20. Jahrhunderts bezeichnend war (man denke etwa erneut an Schmitts Freund-Feind-Kriterium) und der im Übrigen auch den Klassenkampf beherrschte. Für das Prekariat hingegen wird es immer schwieriger, jenen Feind auszumachen, dem man sich als Klasse noch entgegenstellen könnte. Daher ist das Prekariat auch nicht erschöpfend als eine ökonomisch-soziale Klasse bestimmbar. Die Prekarität ist vielmehr eine *Le-*

---

wissenschaftler, was gut für den Verbraucher ist.« Colin Crouch, *Das befremdliche Überleben des Neoliberalismus*, Berlin 2011, S. 86f.

162 Vgl. Elettra Stimilli, *Il debito del vivente. Ascesi e capitalismo*, Macerata 2011; Maurizio Lazzarato, *Die Fabrik des verschuldeten Menschen. Ein Essay über das neoliberale Leben*, Berlin 2012, sowie ders., *Il governo dell'uomo indebitato*, Rom 2013.

163 Diese Pendelbewegung und Doppeldeutigkeit des Prekariats zwischen Konservierung und Innovation sowie zwischen Kooperation und Konkurrenz findet sich in der Analyse der Multitude durch Paolo Virno wieder. Vgl. Paolo Virno, »Anthropologie und Theorie der Institutionen«, in: eipcp 5/2007, eipcp.net/transversal/0407/virno/de.html.

bensform:[164] jene Lebensform nämlich, die aus der neoliberalen Regierung eines Humanen hervorgeht, das zur grundlegenden Ressource des möglichen Profits geworden ist.[165]

Die Regierungskunst der biopolitischen Krise weist daher nicht mehr jene Alternativen auf, die – wie es an den modernen politischen Krisen der Vergangenheit ablesbar ist – den Klassenkonflikt nährten und befeuerten. Wenn die neoliberale Regierungskunst auch erst heute eine solche Lebensform als Prekarität hervorbringt und ausgestaltet, sodass sich diese mehrheitlich durchsetzen kann, ist es dennoch nicht das erste Mal, dass eine solche Lebensform das Licht der Geschichte erblickt. Gleichwohl blieb deren Physiognomie in der Vergangenheit doppeldeutig, unbestimmt und undechiffrierbar, da sie dem vorherrschenden Kriterium politischer Subjektivierung entging, wie es zunächst vom Konflikt um die Staatsbürgerschaft und später vom Klassenkonflikt bedingt wurde. Das wiederum schmälert jedoch die Tatsache nicht, dass diese Physiognomie dennoch von einigen Denkern ausgemacht und erfasst worden ist, was es wiederum möglich macht, deren Genealogie nachzuzeichnen.

---

164 In der Definition des Prekariats als Klasse stimme ich nicht mit der gleichwohl bedeutsamen Analyse von Guy Standing, *Prekariat. Die neue explosive Klasse*, Münster 2015 überein. Für eine Analyse der Prekarität im biopolitischen Kontext vgl. die Beiträge in Federico Chicchi/Emanuele Leonardi (Hg.), *Lavoro in frantumi. Condizione precaria, nuovi conflitti e regime neoliberista*, Verona 2011.

165 Vgl. Massimiliano Nicoli, *Le risorse umane*, Rom 2015.

2. Das Paris des Second Empire: Der Heros und der Kosmos

Walter Benjamin stellt einen maßgeblichen Übergang in der Genealogie der Lebensform des Prekariats dar. In der von ihm entworfenen Archäologie des Paris des 19. Jahrhunderts, die das Leben und Werk Baudelaires zu ihrem Prüfstein macht, hat Benjamin diese Lebensform entstehen und auftauchen gesehen, wie sie innerhalb einer neuen Phase des Kapitalismus vereinnahmt wird, und zu ihrem Prototypen erhoben wird.[166] Es handelt sich um jene in sich heterogene und vielfältige Masse, die mit dem Proletariat und dem fortschrittlichen Bürgertum die Barrikaden von 1848 gegen die Restauration errichtet und den Namen der *bohème* angenommen hat. Genau dieser Bohème gegenüber spricht Marx in seiner Analyse der Ereignisse, die zum Staatsstreich von 1852 geführt haben, ein

[166] In seiner Skizzierung der heutigen Zusammensetzung sowie der wirtschaftlichen und politischen Physiognomie des Fünften Standes (unabhängige Arbeiter, Prekäre, Selbstständige, Freelancer, unregelmäßig Beschäftigte, Scheinselbstständige) verfolgt auch Roberto Ciccarelli dessen Archäologie bis in das benjaminsche Paris des 19. Jahrhunderts hinein. Vgl. Roberto Ciccarelli, »Benjamin, der Flaneur. Für eine Genealogie des Fünften Standes«, in: Dario Gentili et al. (Hg.), *Der Kult des Kapitals. Kapitalismus und Religion bei Walter Benjamin*, Heidelberg 2017, S. 287-307. Allgemeiner zur kapitalistischen Verdingung der autonomen Initiative – darin eingeschlossen die sogenannte »künstlerische Kritik« – im postfordistischen Zeitalter vgl. Luc Boltanski/Ève Chiapello, *Der neue Geist des Kapitalismus*, Konstanz 2003.

äußerst strenges Urteil aus, wenn er sie als »Abhub aller Klassen«[167] definiert, insofern sie gerade nicht auf eine bestimmte Klassenzugehörigkeit zurückführbar ist und insofern er in ihr eine grundsätzliche Scheinheiligkeit erkennt, die sie für die Verlockungen der Macht empfänglich macht. Die Lebensform des Prekariats besitzt ihre Ahnenreihe demnach in einer ganzen Parade von Figuren, die allesamt auf die Bohème zurückgehen – Flaneure, Müßiggänger, Berufsverschwörer, Spieler, Nachtschwärmer, Detektive, Lumpensammler, Prostituierte, Poeten, Künstler – und die sich bei ihrem Auftauchen auf der Pariser Bühne zunächst außerhalb des Marktes befanden, da sich ihre Produktion dem Tauschwert und der Kommerzialisierung entzog. Diese Lebensform keimte während des *Second Empire* Napoleons III. erstmalig auf und musste sich, um die Niederlage der für sie bezeichnenden politischen Er-

---

167 »Neben zerrütteten Roués der Aristokratie mit zweideutigen Subsistenzmitteln und von zweideutiger Herkunft, neben verkommenen und abentheuernden Ablegern der Bourgeoisie Vagabunden, entlassene Soldaten, entlassene Zuchthaussträflinge, entlaufene Galeerensklaven, Gauner, Gaukler, Lazzaroni, Taschendiebe, Taschenspieler, Spieler, Maquereaus, Bordellhalter, Lastträger, Tagelöhner, Orgeldreher, Lumpensammler, Scheerenschleifer, Kesselflicker, Bettler, kurz die ganze unbestimmte, aufgelöste, hin und hergeworfene Masse, die die Franzosen la Bohème nennen. [...] Dieser Bonaparte, der sich als Chef des Lumpenproletariats konstituirt, der hier allein in massenhafter Form die Interessen wiederfindet, die er persönlich verfolgt, der in diesem Auswurfe, Abfall, Abhub aller Klassen die einzige Klasse erkennt, auf die er sich unbedingt stützen kann, er ist der wirkliche Bonaparte, der Bonaparte sans phrase.« Marx, »Der 18. Brumaire des Louis Bonaparte«, a.a.O, S. 141f.

fahrung der Pariser Kommune von 1871 – ein nicht gerade »klassenspezifisches« revolutionäres Experiment – überleben zu können, grundlegend verwandeln, da sie sich weder innerhalb des Volkes noch der Klasse als subjektivierbar erwies. Benjamin zeichnet ihre Momentaufnahme, nur einen Augenblick vor ihrer Vereinnahmung innerhalb des Arbeitsmarktes, folgendermaßen nach:

> In Baudelaires Paris [...] waren noch die Passagen beliebt, in denen der Flaneur dem Anblick des Fuhrwerks enthoben war, das den Fußgänger als Konkurrenten nicht gelten lässt. Es gab den Passanten, welcher sich in die Menge einkeilt, doch gab es auch noch den Flaneur, der Spielraum braucht und sein Privatisieren nicht missen will. Müßig geht er als eine Persönlichkeit; so protestiert er gegen die Arbeitsteilung, die die Leute zu Spezialisten macht. Ebenso protestiert er gegen deren Betriebsamkeit. [...] Aber nicht er behielt das letzte Wort, sondern Taylor, der das ›Nieder mit der Flanerie‹ zur Parole machte.[168]

Die Metamorphose dieser eigentlich außerhalb des Marktes entstehenden Lebensform, mit der sie zu einer Ware unter anderen und konsequent zur Arbeit herangezogen und verdingt wird, stellt sich für Benjamin wie folgt dar:

---

[168] Walter Benjamin, »Charles Baudelaire. Ein Lyriker im Zeitalter des Hochkapitalismus«, in: ders., *Gesammelte Schriften* Bd. I/2, a.a.O., S. 509-690, hier S. 556f.

> Unter diesen Verhältnissen [...] wird der Gestus der Flanerie für die freie Intelligenz widersinnig und er büßt damit überhaupt die Bedeutung ein. Der Typ des Flaneurs schrumpft nun gleichsam ein, so als hätte ihn eine böse Fee mit dem Zauberstab angerührt. Am Ende dieses Schrumpfungsprozesses steht der Sandwichman. Die Einfühlung in die Ware ist hier vollendet; der Flaneur steckt nun wirklich in ihrer Haut. Er geht nun gegen ein Entgelt spazieren und seine Inspektion der Stadt ist, gleichsam über Nacht, zum Beruf geworden.[169]

In Anbetracht der für das Paris des 19. Jahrhunderts charakteristischen Lebensformen stellt sich für Benjamin eine zweifache Alternative zum starken Staatsmodell des Zweiten Kaiserreichs Napoleons III.: entweder Markt oder Kommune. Die Wahl Baudelaires fiel auf den Markt. Der Markt erschien ihm nämlich als einzig gangbare Alternative zur Auslöschung seiner Lebensform in der »Volksgemeinschaft« des Staates: »Die ›Menge‹, an der der Flaneur sich weidet, ist die Hohlform, in die siebenzig Jahre später die Volkgemeinschaft gegossen wurde, in der Klassengegensätze, wie es heißt überwunden sind.«[170] Baudelaire entschied sich dafür, seine Dichteraureole zu

---

[169] Walter Benjamin, »Neue Baudelairiana. Unveröffentlichte Fragmente zu einer Neufassung des *Flaneurs*«, in: *Frankfurter Adorno Blätter* IV/1995, S. 9-25, hier S. 13f.

[170] Walter Benjamin, »Anmerkungen zu Charles Baudelaire. Ein Lyriker im Zeitalter des Hochkapitalismus«, in: ders., *Gesammelte Schriften* Bd. I/3, Frankfurt/Main 1974, S. 1064-1188, hier S. 1185.

opfern – die Aura, die die Poesie »vom Markt nahm« –, um nur sein Leben zu retten, um nur in der anonymen Masse der Metropole und im Verkehr der Boulevards überleben zu können, die in der Folge der städtebaulichen Revolution Haussmanns die Topographie von Paris nach 1848 grundlegend umgestaltet hatten.[171] Benjamin zufolge erschien Baudelaire der Markt als ein Zufluchtsort, um sich innerhalb der vom Bürgertum proklamierten Gleichheit unterscheiden und damit seine Lebensform erhalten zu können. Damit das möglich wurde, musste diese Lebensform jedoch »einschrumpfen« und genau die Züge desjenigen »Individuums« annehmen, das sich zu ihrem Träger machte. Anders gesagt: Baudelaire musste zum »Unternehmer seiner selbst« werden. Der »Verlust der Aureole des Dichters« brachte es mit sich, dass ihm nicht mehr seine Poesie erlaubte, sich »auf dem Markt zu halten«, sondern sein Leben selbst wurde zur anpreisungswürdigen und ausstellungswerten Ware. Es war Baudelaire, der dem eigenen Leben erstmalig einen »Ausstellungswert« verlieh, lange bevor dies heutzutage eine unabdingbare Voraussetzung für das Regime der Sichtbarkeit und der Selbstanpreisung (nicht nur) in den Sozialen Medien bildet:

---

171 Zur städtebaulichen Revolution Haussmanns und den entsprechenden Transformationen des Kapitalismus vgl. David Harvey, *Paris. Capital of Modernity*, New York/London 2006.

> Keine in die Kraft der Sache eingehende Betrachtung Baudelaires kann es geben, die sich mit dem Bild seines Lebens nicht auseinandersetzt. In Wahrheit wird dieses Bild dadurch bestimmt, dass er zuerst und auf die folgenreichste Art der Tatsache inne ward, dass das Bürgertum im Begriffe stand, seinen Auftrag an den Dichter zurückzuziehen. Welcher gesellschaftliche Auftrag konnte an seine Stelle treten? Er war bei keiner Klasse zu erfragen; er war am ehesten dem Markt und seinen Krisen zu entnehmen. [...] Aber das Medium des Marktes, in dem sie sich ihm zu erkennen gab, bedingte eine Produktions- und auch eine Lebensweise, die von der früherer Poeten sehr unterschieden war. Baudelaire war genötigt, die Würde des Dichters in einer Gesellschaft zu beanspruchen, die keinerlei Würde mehr zu vergeben hatte. [...] In Baudelaire meldet der Dichter zum ersten Mal seinen Anspruch auf einen Ausstellungswert an. Baudelaire ist sein eigener Impresario gewesen. Die *perte d'auréole* betrifft zu allererst den Poeten.[172]

Jener Exzentrizität und Originalität hatte Baudelaire die »heroischen« Züge beigelegt, die ihn von der Masse unterscheiden sollten – die Maske des »Alternativen«, des Dandys, die er sich bewusst zulegte und wie folgt beschreibt:

---

[172] Benjamin, »Charles Baudelaire«, a.a.O., S. 665.

> Der Dandysmus erscheint vor allem in Übergangszeiten, wo die Demokratie noch nicht allmächtig ist, wo die Aristokratie erst teilweise wankend und herabgewürdigt ist. In der Verwirrung solcher Zeiten können einige gesellschaftlich Gesunkene, Überdrüssige, Müßige, doch allesamt reich an ursprünglicher Kraft, den Plan ersinnen, eine neue Art von Aristokratie zu gründen, die um so schwieriger abgeschafft werden kann, als sie auf den kostbarsten, den unzerstörbarsten Fähigkeiten beruht sowie auf Himmelsgaben, die die Arbeit und das Geld nicht verleihen können. Der Dandysmus ist das letzte Aufblitzen von Heldentum in den Verfallszeiten[173].

In einer solchen Übergangszeit bildet der Dandyismus für Baudelaire eine »neue Art von Aristokratie«, deren Werte die bürgerliche Demokratie nicht nachvollziehen und nicht anerkennen kann. Diese ist also nicht dazu in der Lage, einer »heldenhaften« Individualität, die aus der Masse hervorstechen will und stattdessen an die Ränder der Bürgerlichkeit abgedrängt wird, einen Ausstellungswert zu verleihen. Das übernimmt vielmehr der Markt, der damit zur Heimat dieser Lebensform wird:

> Diese Schwelle [die den Einzelnen von der Menge trennt] hütete Baudelaire; das unterschied ihn von Victor Hugo.

---

173 Charles Baudelaire, »Der Maler des modernen Lebens« (1863), in: *Signaturen* vom 13.04.2017, www.signaturen-magazin.de/charles-baudelaire--der-maler-des-modernen-lebens,-9.html.

> Er ähnelte ihm jedoch darin, dass auch er den gesellschaftlichen Schein nicht durchschaute, welcher sich in der Menge niederschlägt. Er setzte ihr darum ein Leitbild entgegen, so unkritisch wie die Hugosche Konzeption von ihr. Der Heros ist dieses Leitbild. Im Augenblick, da Victor Hugo die Masse als den Helden in einem modernen Epos feiert, hält Baudelaire nach einem Zufluchtsort des Helden in der Masse der Großstadt Ausschau. Als *citoyen* versetzt Hugo sich in die Menge, als Heros sondert sich Baudelaire von ihr ab.[174]

Wie in der klassischen Tragödie schreibt sich die Figur des Heros jedoch in eine Dimension ein, die zwar nicht diejenige der Bürgerlichkeit ist, dieser jedoch entspricht und sie umgreift. Auch der moderne Held bewegt sich in einer kosmischen Ordnung, der er sich unterwirft und schließlich unterliegt. Von der Moderne an – Hayek *docet* – ist es der Markt, der an die Stelle der kosmischen Ordnung tritt. Jene unterschiedslose Gleichheit, der Baudelaire in der Masse der Stadtbürger entfloh, holt ihn schließlich auf einer anderen Ebene und mit einer anderen und weitaus dämonischeren Qualität wieder ein. Er wird sie im Markt wiederfinden:

> Baudelaire hat als Schüler de Maistres sicher wenig von der égalité gehalten, die die große Revolution auf ihr Ban-

---

[174] Benjamin, »Charles Baudelaire«, a.a.O., 569.

> ner schrieb. Den Idealen der Aufklärung war er nicht zugetan. [...] Baudelaire hasste die Bourgeoisie; aber das war eine hektische Leidenschaft; kam über ihn in Schüben, sie ließ ihn wieder; er hat ihre ökonomische Ordnung nie durchschaut. [...] Die Fata morgana der Gleichheit, wie sie am Horizont des Weltmarktes sich erhebt, war die Heimat seines dichterischen Ingeniums.[175]

Um jenes »Außen« zu gewinnen, jenen Raum der Exzellenz und der Individualität, die ihn von der großstädtischen Menge unterscheiden sollte, ist Baudelaire in den Markt *eingetreten*, wo jeder ein Individuum ist und alle Individuen gleich sind – d. h. wo sie ein und demselben »Schicksal« unterliegen.

1848 standen Baudelaire und die Bohème zusammen mit dem Proletariat auf den Barrikaden, dessen Anführer die bezeichnendste Figur eines »Berufsrevolutionärs« des gesamten 19. Jahrhunderts war: Auguste Blanqui. Nach der Niederschlagung der Kommune in Kerkerhaft genommen, schreibt er 1872 in seiner Zelle *Die Ewigkeit durch die Gestirne*, eine von Notwendigkeit und Wiederholung gezeichnete kosmologische Vision. Für Benjamin handelt es sich dabei um eine außergewöhnliche Vorwegnahme von Nietzsches Theorie der ewigen Wiederkehr und um einen Ausdruck der Resignation des besiegten Revolutionärs. Im Kosmos Blanquis gibt es keinerlei Raum für einen

---

[175] Benjamin, » Neue Baudelairiana«, a.a.O., S. 14f.

etwaigen baudelairschen Heroismus, noch nicht einmal, um ihm seinem unabwendbaren Scheitern zuzuführen. Jedwede menschliche Unternehmung ist seit jeher schon in einer unerschütterlichen und unergründlichen Ordnung in ihrer ganzen Totalität vorausbestimmt und es ist folglich auch nicht möglich, in dieser kosmischen Ordnung irgendeinen Fortschritt oder eine Werteskala auszumachen:

> Zur gegenwärtigen Stunde spielt sich das gesamte Leben unseres Planeten Tag für Tag, von der Geburt bis zum Tod, auf unzähligen Brudergestirnen ab, mit all seinen Verbrechen und all seinen Verhängnissen. Was wir Fortschritt nennen, ist auf jeder Erde eingesperrt und verschwindet mit ihr. Immer und überall in diesem irdischen Lager das gleiche Drama, die gleiche Kulisse, auf der gleichen schmalen Bühne eine lärmende Menschheit, die von ihrer Größe überzeugt ist, sich für das Universum hält und in ihrem Gefängnis lebt, als ob es grenzenlos wäre, um mit jenem Planeten unterzugehen, welcher mit tiefster Verachtung die Bürde ihres Stolzes getragen hat. Die gleiche Monotonie, die gleiche Unbeweglichkeit auf den fremden Gestirnen. Das Universum wiederholt sich ohne Ende und verbleibt ungeduldig am gleichen Ort. Die Ewigkeit spielt unerschütterlich in der Unendlichkeit die gleichen Vorstellungen.[176]

---

176 Louis-Auguste Blanqui, Die Ewigkeit durch die Gestirne. Mit einem Vorwort von Jacques Rancière, Wien 2017, S. 107f.

Nur dem ersten Anschein nach an den Antipoden angesiedelt, sind der Heroismus Baudelaires und die kosmologische Vision Blanquis in Wirklichkeit beide das Resultat des Jahrhunderts der Revolutionen und der überschreitenden Ausdehnung des kapitalistischen Marktes jenseits der Staatsgrenzen: auf der einen Seite der Poet als Unternehmer seiner selbst, der glaubt, seine alternative Lebensform innerhalb des Marktes erhalten zu können, und auf der anderen eine von den Geschicken der Menschheit und ihrer Heroen vollkommen unerschütterliche Ordnung, in der allein deren Unerforschlichkeit und Alternativlosigkeit das Scheitern annehmbar macht. Die kosmische Ordnung wird zur einzigen und äußersten Ressource dafür, die Gleichheit unter den Menschen zu garantieren.

Uns, die wir sie mit dem Abstand von einem Jahrhundert betrachten, könnte die Kosmologie Blanquis als eine weitere Exzentrizität des 19. Jahrhunderts und jenes von Exzentrikern bevölkerten Paris erscheinen. Jedoch wissen wir inzwischen, dass der *Kosmos* in jeder Hinsicht den Diskurs des Neoliberalismus bestimmt. Für gewöhnlich wird die Besonderheit des Neoliberalismus heutzutage sowohl durch den Subjektivierungsprozess bestimmt, der das Individuum zu einem »Unternehmer seiner selbst« gemacht hat, als auch durch die Konzeption des Marktes als Raum, der sich selbst regiert (die *governance*). Unbeschadet dieses allgemeinen Ansatzes ließe sich der Neoliberalismus auf der Grundlage der bis hierhin entworfenen Genealogie genauer als ein spezifischer Zusammenhang zwischen Individuum und Kosmos fassen. Jetzt lassen sich auf den Spuren Baudelaires und der von Benjamin nachgezeichneten Prototypen der Prekarität im Paris des 19. Jahrhunderts dessen Bewohner innerhalb der kosmischen Marktordnung Hayeks verorten. Demzufolge ist der *Kosmos* jene spontane Ordnung, an der die Individuen ausschließlich mit ihren singulären und partikularen Zwecken teilhaben; und da es sich um eine in sich unergründliche Ordnung handelt, ist es unsinnig, ein »gemeinsames« Ziel zu entwerfen, insofern es den individuellen Zwecken einzig und allein »gemein« ist, sich innerhalb eines *Kosmos* zu bewegen, der als solches keinen Zweck und auch keine Skala bestimmter Zwecke kennt. Innerhalb der kosmischen Ordnung stellen sich Erfolg oder Scheitern einer Unternehmung dem Individuum, das in dieser seine Lebensform ausmacht, als ein »Schicksal« dar, das es nicht zu beherrschen vermag:

> Und diese Anpassung an die allgemeinen Umstände seiner [d. i. des handelnden Individuums] Umgebung kommt dadurch zustande, dass er Regeln befolgt, die er nicht entworfen hat und oft nicht einmal formulieren könnte, obwohl er sie in seinem Handeln einzuhalten vermag. Oder, um es anders auszudrücken: Unsere Anpassung an unsere Umgebung besteht nicht nur, ja vielleicht nicht einmal überwiegend, in einer Erkenntnis der Ursache-Wirkungs-Zusammenhänge, sondern auch darin, dass unser Handeln Regeln unterliegt, die an die Art von Welt, in der

> wir leben, angepasst sind, also an Umstände, deren wir uns nicht bewusst sind und die dennoch den Ablauf unserer erfolgreichen Handlungen bestimmen.[177]

Die kosmische Ordnung des Marktes ist nicht für den Erfolg oder Misserfolg der individuellen Unternehmungen verantwortlich; deren Indifferenz gegenüber den individuellen Geschicken bildet einen gemeinsamen Zug sowohl der antiken Auffassung des *Kosmos* als auch der kosmischen Marktordnung. Es ist durchaus richtig, dass der Rückgriff auf die Idee des Kosmos eine Eigenheit Hayeks darstellt und in den nachfolgenden Ausarbeitungen des neoliberalen Modells nicht mehr explizit anzutreffen ist. Die Matrix jener Indifferenz und Unerschütterlichkeit lässt sich dennoch sehr wohl auf die Idee des Kosmos zurückführen: So entsprechen die Algorithmen, die den neoliberalen Kapitalismus organisieren und ordnen, gewiss nicht mehr der Mathematik des pythagoreischen Modells, das noch die antike Konzeption des Kosmos prägte, wobei es sich auch dabei um ein mathematisches Dispositiv handelt, das kein einzelnes Individuum zu beherrschen vermag.[178] Und genau darin – und nicht etwa in den gleichen

---

177 Hayek, »Recht, Gesetz und Freiheit«, a.a.O., S. 14.

178 Die These, dass die neoliberale »Governance durch Zahlen« nur die jüngste Erscheinungsform des Versprechens einer »unpersönlichen Regierung« darstelle, vertritt Supiot, *La gouvernance par les nombres*, a.a.O. Für den Vorschlag einer revolutionären Umformung des algorithmischen Kapitalismus vgl. Matteo Pasquinelli (Hg.), *Gli algoritmi del capitale. Accelerazionismo, macchine della conoscenza e*

Chancen und Aussichten auf Erfolg – besteht die gemeinsame Ausgangsbedingung innerhalb des Kosmos des Marktes. Dennoch ruft die Ausgestaltung des Kosmos nach einem mathematischen Modell – wie immer sich dieses auch darstellen mag – in den Subjekten jenes Gefühl der Zuverlässigkeit, wenn nicht gar des völligen Vertrauens in die Ordnung, hervor, das die Individuen dazu führt, die Verantwortung für das Scheitern ihrer Unternehmungen auf sich selbst abzuwälzen.[179]

Wie diejenigen Techniker, die in der kosmischen Ordnung des Marktes herbeigerufen werden müssen, um die ökonomischen Krisen der jeweiligen Staaten zu regieren, sind auch diejenigen als »Techniker« zu betrachten, denen die Behandlung der psychologischen Krisen anzuvertrauen ist, die sich aus dem individuellen Scheitern ergeben. Die Psychoanalytiker und Psychotherapeuten Miguel Benasayag und Gérard Schmitt fühlen sich im neoliberalen Zeitalter der traurigen Leidenschaften als »Techniker der Krise« behandelt, und fragen daher: »Haben wir es heute mit einem tatsächlichen Unvermögen zu tun, eine womöglich erhebliche und verallgemeinerte Angst zu ertragen, ohne sie sogleich als in die Zuständigkeit der *Technik* fallend zu betrachten?«[180] Den beiden Autoren

---

autonomia del comune, Verona 2014.

179 Martijn Konings (in *Capital and Time*, a.a.O.) leitet die regulative und gouvernementale Tragweite der hayekschen Konzeption des Marktkosmos von der »Idee der Neutralität« her, zu der diese Anlass gibt.

180 Miguel Benasayag/Gérard Schmit, *Les passions tristes. Suffrance*

zufolge sind die psychologischen Krisen, auf die sie als Techniker einwirken sollen, in Wirklichkeit »Krisen in der Krise«, individuelle Krisen innerhalb der neoliberalen Krise als Regierungstechnik. Daher können die Patienten in der Krise vom Techniker der psychologischen Krise auch nicht zu einem Ausgang aus der Krise geführt werden; dieser hat sich damit zu begnügen, »sie in der Krise zu stabilisieren«; er kann nichts anderes tun, als »Notfälle zu versorgen, da die Krise für sie zu einem permanenten Dauerzustand geworden ist.«[181]

---

psychique et crise sociale, Paris 2003, S. 8.

181 Ebd., S. 14.

3. Für einen anderen Kosmos: Entscheidung ohne Urteil

Auf der Grundlage der skizzierten Genealogie ließe sich die These vertreten, dass der grundlegende Unterschied des Neoliberalismus, zumindest nach Hayeks Spielart, der diesem die »politische Vision«[182] verleiht, gegenüber dem klassischen Liberalismus darin besteht, dass dieser – während letzterer die Individuen voraussetzt und von diesen den Markt als Eigenraum ihrer Handlungen sowie ihrer zwischenmenschlichen Beziehungen und ihrer Sozialität ableitet – eine kosmische Ordnung ansetzt, die ihre besondere Individualitätsform hervorbringt. Das Paris des 19. Jahrhunderts ist die Vorgeschichte unseres Zeitalters, in der die spezifische Figur des Selbstunternehmers Gestalt anzunehmen beginnt und damit ihr Schicksal.

182 Wolfgang Streeck bestimmt das gesamte neoliberale Projekt als »hayekianische Liberalisierung« – deren Hegemonie (und Krise) sich ab den 1970er Jahren abzuzeichnen beginnt – und hebt einige auch für unseren Zusammenhang entscheidende Charakteristika hervor: »Auch sind *politische Entscheidungen* bestimmten Entscheidern oder Institutionen zurechenbar, die man für sie zur Verantwortung ziehen kann, während *Marktentscheidungen* scheinbar ohne menschliches Zutun vom Himmel fallen – besonders wenn der Markt als Naturzustand vorausgesetzt wird – und als Schicksal, hinter dem sich womöglich ein nur Experten zugänglicher höherer Sinn verbirgt, hingenommen werden müssen und offenbar auch können.« Wolfgang Streeck, *Gekaufte Zeit. Die vertagte Krise des demokratischen Kapitalismus*, Berlin 2013, S. 97.

In der Folgezeit haben diese Figuren nur teilweise und am Rande an dem großen Klassengegensatz teilgenommen, der das 20. Jahrhundert mit seinen Krisen durchzogen hat – und das bis in die 1970er Jahre und das erste Entstehen der postfordistischen Produktionsweise hinein, als diese Lebensform mit all ihren Besonderheiten erneut kraftvoll auftauchte. Bis in diese Zeit hinein lässt sich auch der Ausbruch der neoliberalen Krise zurückverfolgen,[183] die sich heute vollständig als eine biopolitische Krise abzeichnet und jener Lebensform daher ihre eigentlichen und eigentümlichen Züge verleiht. Während der Markt im Zeitalter Baudelaires für den Flaneur noch eine Alternative zu seiner Auslöschung und seinem Tod darstellen konnte, stellt die biopolitische Krise heutzutage keinerlei Alternativen mehr bereit und wandelt – insofern auch der Klassengegensatz nicht mehr in der Lage ist, Alternativen außerhalb des neoliberalen Marktes aufzubieten – die Idee des Konflikts in eine Regierungsfunktion um.

Zu Beginn der 1970er Jahre äußerte Pier Paolo Pasolini zur Charakterisierung jenes »Neokapitalismus«, der die italienische Gesellschaft damals zu kolonisieren begann, in einem Interview: »Die ganze Schwierigkeit des Urteils hängt mit der Tatsache zusammen, dass wir gerade in den Augenblick der Varianten (der Variationen) ein-

---

[183] »Es gibt keinen Zusammenbruch, sondern die Krise gestaltet sich als beständige Form der Akkumulation und der politischen Befehlsgewalt«. Christian Marazzi, *Diario della crisi infinita*, Verona 2015, S. 14.

treten«.[184] Als beständige Hervorbringung von Varianten und Variationen bleibt das Urteil im von Pasolini vorausgeahnten Neokapitalismus »ohne Entscheidung«, entscheidungslos. Ohne die vom Konflikt angestoßene politische Entscheidung, die die vom Urteil aufgeworfenen Alternativen in der Moderne einem Entschluss zuführte, ist das, was heute als eine Wahl zwischen Alternativen erscheint, in Wirklichkeit eine bloße Variation und verbleibt innerhalb des Urteils, das die Krise nicht aufzulösen vermag. Die mit dem Urteil gesetzten Termini bilden keine Alternative, sondern eine Alternation – eine wirkliche Alternative kann es nur bezogen auf eine Entscheidung geben. Ohne Entscheidung aber bleibt diese Alternation alternativlos. Die vielsagendste Versinnbildlichung des »Urteils ohne Entscheidung« ist die Herabminderung des Für oder Wider der aufklärerischen Kritik – die die Matrix des modernen Konflikts darstellt – zum Like/Dislike der Sozialen Medien, die der Anstrengung Kants in der *Kritik der Urteilskraft* Hohn spricht, das Urteil nicht auf das individuelle Gefühl von Lust und Unlust zu reduzieren. Die Sozialisierung des neoliberalen Individuums vollzieht sich hingegen gerade durch das Urteil Gefällt mir/Gefällt mir nicht, das die erneuernde und subversive Kraft der Kritik in dem Moment einbüßt, da daraus keine auflösende Letztentscheidung mehr folgt: die entscheidende Krise als Entscheidungskrise. Im Gegenteil, die von der neolibera-

[184] Pier Paolo Pasolini, *Il sogno del centauro*, hg. v. Jean Duflot, Rom 1993, S. 48.

len Krise erzeugte Kondition der Prekarität der Individuen bringt ein diffuses Sicherheitsbedürfnis hervor, das die politische Agenda eines Großteils (nicht nur) der westlichen Länder diktiert.[185] In dieser Sicherheit, Stabilität und Ordnung erhaltenden Modalität geht die Konfliktualität, deren Trägerin die Prekarität ist, in die Politik ein: als Biopolitik der neoliberalen Krise.[186]

Man hätte hingegen eine Praxis des Konflikts zu entwerfen, die sich diesseits der vom Neoliberalismus vereinnahmten Dispositive der Subjektivierung und der Sozialisierung bewegt. Im aktuellen biopolitischen Kontext wäre der Konflikt demnach nicht als ein Dispositiv der *Teilung* und der *Konkurrenz* aufzufassen, welches das Leben einer ständig gegenwärtigen Todesgefahr aussetzt und für das Überleben (die Macht, leben zu machen) ausschließlich nach Anpassung verlangt. Wenn eine Lebensform, um überleben zu können, sich der anderen entgegenzusetzen hat, ist es vielmehr der Bezug auf dasjenige, was ihnen gemeinsam ist, das die Lebensformen in einem Konflikt gemeinsam fortbestehen lässt, wodurch es nicht mehr das Ziel der einen Lebensform sein kann, die andere zu über-

---

185 Es wäre wohl nicht allzu gewagt, auch die Verfassung der Migranten in die verallgemeinerte Kondition der Prekarität mit aufzunehmen, die in den westlichen Ländern gerade als Reaktion auf das Migrationsphänomen zu einem nochmals gesteigerten Sicherheitsbedürfnis führt. Für eine philosophische Analyse des Migrationsphänomens vor dem aktuellen politischen Hintergrund vgl. Donatella Di Cesare, *Stranieri residenti. Una filosofia della migrazione*, Turin 2017.

186 Vgl. Isabell Lorey, *Die Regierung der Prekären*, Wien/Berlin 2012.

leben. Wie lässt sich also ein Konflikt konzipieren und artikulieren, der dem Leben Form verleiht, ohne es zu unterwerfen, und der, anstatt eine Lebensform gegen die andere auszuspielen, deren *Gemeinsamkeit* aufweist und potenziert? Der Anspruch der Klasse stellte das Element des Bruches innerhalb des Volkes dar. Heute besteht das Problem darin, dass die Dispositive des Neoliberalismus – und zuvörderst dasjenige der Krise – diese Konfliktarten durchweg neutralisiert: Das Beharren auf der dichotomischen Dimension und auf der Binarität läuft Gefahr, sich funktional zu den in Gang befindlichen Neutralisierungen auszugestalten. Es handelt sich folglich darum, die relationale Matrix des Konfliktes wiederzuentdecken, die zu der antagonistischen parallel verläuft und die jenseits der Klassengegensätze anzusiedeln ist. Der Konflikt könnte sich dann – wenn er als *gemeinsamer*, als *gemeinschaftlicher* gedacht und praktiziert wird – nicht mehr nur als dasjenige erweisen, was die Gesellschaft spaltet, sondern auch und gerade als gemeinschaftsbildend. Der Konflikt könnte sich daher als politische Praxis der Art und Weise ausgestalten, *wie* man über das »Zusammen-Leben« entscheidet, das ein Gemeinsames ausdrückt und sich nicht ausgehend von einer gemeinsamen Kondition des Unterworfenseins innerhalb desselben Kosmos, desselben Schicksals bestimmen lässt. Kurz, es geht um eine Konzeption des Konflikts, die sich auf der Höhe einer affirmativen Biopolitik befindet: nicht einer Biopolitik, die obligatorische Entscheidungen auferlegt, um dem Individuum sein

Überleben zu sichern, sondern einer Biopolitik der Potenz und des Vermögens, die aus dem Konflikt die Praxis des gemeinsamen Entscheidens macht.[187] Das ist die Bedingung dafür, dass die Prekarität eine zur Regierung des neoliberalen Marktkosmos alternative Politik hervorbringen kann. Eine Politik des Lebens, die – im Unterschied zu einer »Partei des Lebens« – keinen Konflikt *zwischen* den Lebensformen innerhalb einer Ordnung des Überlebens einsetzt, die deren Prekarität bedingt, sondern eine Politik, in der die durch den Konflikt entstehenden Beziehungen einen Entscheidungsprozess in Gang setzen: eine Politik *der* Lebensformen.

Für die Stiftung einer Politik des Lebens wäre zuallererst eine Alternative zur Erzählung eines Kosmos aufzubieten, der die Lebensformen prekär und aus ihnen eine »Humanressource« macht, in die zu investieren ist, um sich das Überleben zu verdienen. Es geht vielmehr darum, einen anderen Kosmos zu teilen, eine andere Ordnung, die die Potenz der Lebensformen begünstigt und fördert und die sich alternativ zum neoliberalen Markt ausgestaltet, der im Gegensatz zur Anerkennung des Platzes eines jeden Individuums in seinem Inneren diese Potenz – die

---

[187] Das Erfordernis eines »Entscheidungsprozesses«, der aus den »Versammlungspotentialen« der Multitude hervorgeht, ist ein tragendes Thema von Michael Hardt/Antonio Negri, *Assembly. Die neue demokratische Ordnung*, Frankfurt/Main 2018. Für eine andere Theorie der »Versammlung« jüngeren Datums, die von der Kondition der Prekarität ausgeht, vgl. Judith Butler, *Anmerkungen zu einer performativen Theorie der Versammlung*, Berlin 2016.

Potenz, dem eigenen Leben eine Form zu geben, die Potenz der Transformation – auf eine reine »Anpassungsfähigkeit« beschränkt und herabmindert. Ein weiteres Mal ist es Benjamin, der uns an jenen wesentlichen Aspekt der antiken Kosmoserfahrung erinnert, der die menschliche Potenz im »Rausche« zum Ausdruck bringt und der in unserer Zeit in Vergessenheit geraten zu sein scheint. Der Rausch ist eine Erfahrung des Kosmos, die – damit sie sich alternativ zu der individuellen Erfahrung der Anpassung ausgestaltet, die der neoliberale Kosmos hervorruft – sich nur gemeinschaftlich machen lässt:

> »Antiker Umgang mit dem Kosmos vollzog sich anders: im Rausche. [...] Das will aber sagen, dass rauschhaft mit dem Kosmos der Mensch nur in der Gesellschaft kommunizieren kann. Es ist die drohende Verirrung der Neueren, diese Erfahrung für belanglos, für abwendbar zu halten und sie dem Einzelnen als Schwärmerei in schönen Sternenächten anheimzustellen.«[188]

Das, woran Benjamin erinnert, ist eine Auffassung des Kosmos, die nicht allein Züge trägt, die sich auf Nietzsche als Denker des Griechentums zurückführen lassen, sondern die vor allem auch eine Alternative zu jenem Kosmos darstellt, dessen Idee sich der neoliberale Markt angeeignet und daraus ein Regierungsdispositiv gemacht hat.

---

[188] Walter Benjamin, »Einbahnstraße«, in: ders., *Gesammelte Schriften* Bd. IV, Frankfurt/Main 1972, S. 83-148, hier S. 146f.

Während die Erzählung des neoliberalen Marktkosmos aus Lust und Genuss ein Vorrecht des Individuums gemacht (zum Beleg dafür genügt es, an die in den 1990er Jahren zirkulierende, mitunter auch kritische Literatur zum neoliberalen Hedonismus zu denken)[189] und die fehlende Lust in Frustration verwandelt hat (wodurch die traurigen Leidenschaften zur heute beherrschenden emotiven Tonlage geworden sind), erinnert der Rausch der gemeinschaftlichen Kosmoserfahrung an jene freudige Begeisterung, die aus dem Teilen einer politischen Lebensform entspringt. Demzufolge ist es der von der Teilhabe an einer gemeinschaftlichen Lebensform erzeugte Rausch,

---

189 Gleichwohl hat Walter Benjamin bereits in der Lebensform Baudelaires die Entstehung des Zusammenhangs zwischen der Ausbeutung geistiger Arbeitskraft und individuellem Genuss ausgemacht: »Sofern der Mensch, als Arbeitskraft, Ware ist, hat er es allerdings nicht nötig, eigens in die Ware sich zu versetzen. Je mehr diese Seinsweise seiner selbst als die von der Produktionsordnung über ihn verhängte ihm zum Bewusstsein kommt – je mehr er sich proletarisiert –, desto mehr durchdringt ihn der Frosthauch der Warenwirtschaft, desto weniger wird es sein Fall sein, in die Ware sich einzufühlen. Aber so weit war es mit der Klasse der kleinen Bürger, der Baudelaire angehörte, noch nicht gekommen. Auf der Stufenleiter, von der hier die Rede ist, befand sie sich erst im Beginn des Abstiegs. Unausweichlich musste vielen in ihr die Warennatur ihrer Arbeitskraft eines Tages aufstoßen. Aber dieser Tag war noch nicht gekommen. Bis zu ihm durften sie, wenn man so sagen darf, ihre Zeit hinbringen. Dass unterdessen ihr Teil im besten Fall der Genuss sein konnte, doch nie die Herrschaft, das eben machte die Frist, die ihr von der Geschichte gegeben war, zu einem Gegenstande des Zeitvertreibs.« Benjamin, »Charles Baudelaire«, a.a.O., 561.

der die freudigen Leidenschaften aktiviert, an denen sich schließlich auch das Individuum erfreut.

Der bevorzugte Zusammenhang zwischen Kosmos und Individuum – derjenige, den Benjamin so entschieden infrage stellt – ist keineswegs in jeder Auffassung des Kosmos implizit, sondern beginnt sich erst in einer ganz bestimmten historischen und politischen Konstellation abzuzeichnen. Erst während des hellenistischen Zeitalters – also mit dem Zerfall der politischen Form der *pólis* und dem Aufkommen der zunächst mazedonischen und später römischen imperialen Form, einer Art von Globalisierung *ante litteram* – schwindet die Entsprechung zwischen der politischen Ordnung der *pólis* und der kosmischen.[190] Die rationale Ordnung des Kosmos wird in den hellenistischen Philosophien zum Zufluchtsort des Einzelnen: Der Bezug auf eine rationale Ordnung bedeutet nicht mehr die Zugehörigkeit zu einer politischen Gemeinschaft, sondern heißt im Gegenteil, sich dem politischen Leben zu entziehen, das die Teilhabe inzwischen weder erfordert noch vorsieht. In seiner Genealogie der »Sorge um sich selbst« charakterisiert Foucault den Übergang der platonischen Übung der Selbstsorge, die auf die Teilhabe am politischen Leben abzielt, zur hellenistischen Praxis durch die fortschreitende Trennung der individuellen Sorge um sich selbst vom politischen Bereich:

---

190 Vgl. Larry Siedentop, *Die Erfindung des Individuums. Der Liberalismus und die westliche Welt*, Stuttgart 2015.

> Erstens wird die Sorge um sich selbst in der hellenistischen Periode und in der Kaiserzeit nicht ausschließlich als Vorbereitung auf das politische Leben verstanden. Die Sorge um sich selbst ist zu einem universellen Prinzip geworden. Man muss der Politik entsagen, um sich gründlicher der Sorge um sich selbst widmen zu können.[191]

Die Durchsetzung eines »medizinischen Modells« bedingt die Individualisierung der Sorge um sich selbst und die Ausübung einer kontinuierlichen Praxis, die schließlich mit der gesamten Existenz des einzelnen Individuums zusammenfällt: »An die Stelle des Platon'schen Erziehungsmodells tritt ein medizinisches Modell. Die Sorge um sich selbst ist keine spezielle Pädagogik mehr, sondern andauernde gesundheitliche Fürsorge. Es gilt, sein eigener Arzt zu werden.«[192] Die »andauernde medizinische Fürsorge«, der sich das Individuum zu unterziehen hat, findet in den hellenistischen Philosophien ihr Gegenstück in der Bestimmung der Moral als ein vom Politischen abgetrennter Bereich: Es sind jetzt die moralischen Verhaltensweisen, die ein immer mehr auf den individuellen Bereich zugeschnittenes Leben ausmachen. Der Kosmos stellt demzufolge eine Ordnung jenseits der Politik dar, die dem Individuum gleichwohl eine universelle Bürgerschaft garantiert: Der Bürger der *pólis* wird so zum Weltbürger.

---

191 Michel Foucault, »Technologien des Selbst« in: ders., *Dits et Ecrits*, Schriften Bd. 4, S. 966-999, hier S. 980f.

192 Ebd., S. 981.

Nachdem jedwede direkte oder analogische Bindung an die politische Ordnung verloren ist, bietet die hellenistische Ordnung des Kosmos – als Zuflucht und Schutz der moralischen und wissenschaftlichen Rationalität – die Bedingungen für die Autonomie des Individuums und für die Schaffung seines Eigenraums. Man wird jedoch die Moderne abzuwarten haben, damit diese kosmische Ordnung durchbrochen wird, und es ist gerade die moderne Ausübung der Kritik, die die Trennung zwischen Individuum und Politik schließlich wieder aufhebt.

Wie es sich einst mit dem Niedergang der antiken *pólis* verhielt, so ermöglicht auch der Niedergang der modernen Politik eine neue Globalisierung, die Raum für neue Individualitäten schafft, welche eine Ordnung jenseits dessen verlangen, was die moderne Politik garantieren und legitimieren konnte. Um sie von der durch den Hellenismus eingesetzten Globalisierung zu unterscheiden, bezeichnet Peter Sloterdijk die aktuelle Phase als »Zweite Ökumene« und unterstreicht damit die Besonderheit der individuellen Lebensformen, die ein solcher Kosmos hervorbringt:

> Wenn in der Ersten Ökumene der exemplarische Mensch der Weise war, der seine gebrochene Beziehung zum Absoluten meditierte, und der Heilige, der sich durch eine unbegreifliche Gnade dem Gott näher fühlen durfte als der gewöhnliche Sünder, so ist der exemplarische Mensch der Zweiten Ökumene der Prominente, der nie verstehen wird, warum er mehr Erfolg hatte als andere, und der ano-

> nyme Denkende, der sich den Schlüsselerfahrungen dieses Weltalters öffnet: zum einen den immer wieder aufbrechenden Revolutionen als ›den Präsentationen des Unendlichen im Hier-und-Jetzt‹, zum anderen der Schande, die jedes wache Leben heute mehr als die Erbsünde affiziert: gegen die allgemeine Entwürdigung des Lebendigen niemals genug getan zu haben.[193]

Die Lebensformen des neoliberalen Kosmos sind von Machtlosigkeit gezeichnet – wie der Erfolg des Unternehmers ist auch der des Prominenten weder das Ergebnis seines Verdienstes noch das Zeichen für herausragende Leistung; er ist vielmehr die vom Schicksal verliehene Gunst für die Anpassungsfähigkeit des einzelnen Individuums. Beide, sowohl der Unternehmer als auch der Prominente, sind Figuren ein und derselben Individualitätsform, die jenem Kosmos entspricht, der heute vollständig vom neoliberalen Markt kolonisiert ist und deren Quintessenz die Prekarität ausmacht, d. h. auf dem »keiner ›bei sich‹ ist«[194], keiner Herr seines persönlichen Schicksals mehr sein kann. Auch hierbei handelt es sich um einen Kosmos, dem die Rationalität der Ordnung sowie das Kriterium der Rechtmäßigkeit der Verhaltensweisen anvertraut werden. Doch dieses Mal ist es nicht das politische Leben, das geopfert wird, sondern eben jene Autonomie und Selbst-

---

193 Peter Sloterdijk, *Sphären II. Globen*, Frankfurt/Main 1999, S. 992f.

194 Ebd., S. 994.

bestimmung des Individuums, mit denen der hellenistische Kosmos die Bedingungen der Möglichkeit dafür geschaffen hatte, was später die Entwicklung in der Moderne und im klassischen Liberalismus bestimmen sollte. Wie gesehen, enthält der Kosmos des neoliberalen Marktes eine Regierungskunst. Darin liegt zweifelsohne ein wesentlicher Unterschied zum hellenistischen Kosmos, der seine Individualitäten im Schutz vor der Unterwerfung unter die imperiale Politik des Zeitalters konfigurierte. Dennoch bleibt auch der neoliberale Markt im Kern ein Ausdruck der Beziehung zwischen Kosmos und Individuum. Es bleibt also das Problem bestehen, einen anderen Kosmos zu denken und einzusetzen: nicht einen Kosmos für das Leben des Individuums, sondern einen Kosmos des gemeinschaftlichen politischen Lebens. Denn aus der gemeinsamen Kondition innerhalb eines Kosmos geht jene Entscheidung hervor, die – um politisch zu werden – aus dem gemeinschaftlichen Leben entspringen muss: Darin bestand die Gerechtigkeit in der platonischen *pólis* und genau diese Entscheidung wird vom Dispositiv der neoliberalen Krise neutralisiert, indem es aus der Prekarität der Individuen die gemeinschaftliche Verfasstheit im Kosmos macht.

Man hat demnach zu jenem »Rausch« zurückzufinden, der für Benjamin als Leser Nietzsches das Anzeichen einer gemeinschaftlich gemachten Erfahrung des Kosmos ist. In *Die Geburt der Tragödie* bestimmt Nietzsche das Apollinische in der griechischen Welt als »Vertrauen« in das *principium individuationis*, das das Leben der Menschen durch die der Figur des Individuums verliehenen »schönen Form« beherrscht und ordnet: »Ja es wäre von Apollo zu sagen, dass in ihm das unerschütterte Vertrauen auf jenes *principium* und das ruhige Dasitzen des in ihm Befangenen seinen erhabensten Ausdruck bekommen habe, und man möchte selbst Apollo als das herrliche Götterbild des *principii individuationis* bezeichnen, aus dessen Gebärden und Blicken die ganze Lust und Weisheit des ›Scheines‹, samt seiner Schönheit, zu uns spräche.«[195] Im Rausch des Dionysischen hingegen scheint die ursprünglichere Zugehörigkeit des Menschen zu einer höheren Gemeinsamkeit auf, innerhalb derer allein das Individuum die eigene Potenz bezieht und entfaltet: »Singend und tanzend äußert sich der Mensch als Mitglied einer höheren Gemeinsamkeit. [...] Der Mensch ist nicht mehr Künstler, er ist Kunstwerk geworden: die Kunstgewalt der ganzen Natur, zur höchsten Wonnebefriedigung des Ur-Einen, offenbart sich hier unter den Schauern des Rausches.«[196] Außerhalb der Teilhabe an dieser Gemeinsamkeit aber verwandelt sich die Potenz des Individuums in Anpassungsfähigkeit.

Auch Deleuze übernimmt später die nietzscheanische Auffassung des dionysischen Rausches. Während Benjamin den von ihr vorausgesetzten, gemeinsam geteilten

---

[195] Friedrich Nietzsche, »Die Geburt der Tragödie«, in: *KSA* Bd. 1, S. 9-156, hier S. 28.

[196] Ebd., S. 30.

Kosmos hervorhebt, stellt Deleuze einen anderen, für unser Thema entscheidenden Zug heraus: dessen Irreduzibilität auf die Dimension des Urteils: »Immer wenn wir uns vom Gericht zur Gerechtigkeit wenden, versinken wir in einen traumlosen Schlaf. [...] Dieser traumlose Schlaf, in dem man jedoch nicht schläft, diese Schlaflosigkeit jedoch, die den Traum bis an ihre äußersten Grenzen mit sich reißt – dies ist der Zustand dionysischer Trunkenheit, in der der Traum auf seine Weise dem Gericht entkommt.«[197] Wenn auch mit unterschiedlichen Akzenten und Schwerpunkten, führen Deleuze und Benjamin ihre Interpretationen des nietzscheschen Rausches in dieselbe Richtung: Das Urteil ist das wesentliche Instrument der auf das *principium individuationis* gegründeten kosmischen Ordnung. Und dieses Dispositiv der Individualisierung wirkt als eine »Organisierung der Körper« und genauer noch als Organisierung der auf reine »Organismen«, auf die reine Funktion einer Ordnung, reduzierten Körper:

> Denn das Urteil impliziert eine wahre Organisation der Körper, durch die es wirksam wird: Die Organe sind Richter und werden gerichtet, und das Gottesgericht ist eben genau die Macht, bis ins Unendliche zu *organisieren*. Daher der Zusammenhang des Urteils mit den Sinnesorga-

---

[197] Gilles Deleuze, »Schluss mit dem Gericht«, in: ders., *Kritik und Klinik*, Frankfurt/Main 2000, S. 171-183, hier S. 176f. Der Text von Deleuze ist angeregt von der Radiosendung Antonin Artauds aus dem Jahr 1947 *Pour en finir avec le jugement de dieu.*

> nen. Ganz anders ist der Körper des physischen Systems beschaffen; er entzieht sich dem Gericht um so mehr, als er kein ›Organismus‹ und jener Organisation der Organe beraubt ist, durch die man richtet und gerichtet wird.[198]

Der »organlose Körper« Deleuzes bringt im Kampf und im Konflikt die eigene Potenz zum Ausdruck, die sich nicht dem Urteil fügen will. Und dieser Konflikt ist keiner »gegen«, sondern einer »zwischen« den Teilen, die sich einander nicht entgegensetzen, sondern gerade im Konflikt ihre gemeinschaftliche Potenz ausdrücken. Auf diese Weise wird der Konflikt *zwischen* den Teilen zum Konflikt *der* Teile:

> Kampf, Kampf allerorten – der Kampf ist es, der das Gericht ersetzt. Und sicher tritt der Kampf *gegen* das Gericht auf, gegen seine Instanzen und Personen. Im Grunde aber ist der Kämpfende selbst Kampf, ein Kampf *zwischen* seinen eigenen Teilen, zwischen den Kräften, die unterwerfen oder unterworfen werden, zwischen den Mächten, die diese Kräfteverhältnisse ausdrücken.[199]

Dieser Konflikt der Lebensformen und ihrer Körper ist alles andere als unwirksam; vielmehr bildet er die einzige Art und Weise, um eine vom Urteil befreite, d. h. nicht mehr von der Krise vorherbestimmte und folglich als Funktion

---

198 Ebd., S. 177.

199 Ebd., S. 179.

der Organisation einer kosmischen Ordnung wie der neoliberalen sich ausprägenden Entscheidung hervorzubringen: »Die Entscheidung ist kein Urteil, und ebenso wenig ist sie die organische Folge eines Urteils: Sie schießt voller Leben aus einem Wirbel an Kräften hervor, der uns in den Kampf hineinzieht. Sie entscheidet den Kampf, ohne ihn zu beseitigen oder abzuschließen.«[200]

Die Entscheidung ohne Urteil [giudizio] – insofern sie nicht vom Urteil prä-disponiert wird – kann als wenig »vernünftig« [»giudiziosa«], als nicht besonders vorsorglich und wenig weitsichtig erscheinen. So wird es sich zweifellos verhalten, wenn das politische Problem schlechthin weiterhin darin besteht, »was zu tun ist«. Die Entscheidung ohne Urteil zieht dem »Was« jedoch entschieden das *Wie* vor. Daher kann auch nur die Praxis einer Entscheidung ohne Urteil – eine Praxis, die darin besteht, gemeinschaftlich über eine politische Lebensform zu entscheiden – jene Alternativen wieder öffnen, die von der gegenwärtigen Krise verschlossen werden. Die Tatsache, dass sie nicht die Form eines Für oder Wider annehmen, bedeutet nicht auch schon, dass es überhaupt keine Alternativen gäbe. Im Gegenteil: Nur wenn sie vom Dispositiv der Krise entbunden werden, handelt es sich wieder wirklich um Alternativen.

---

[200] Ebd., S. 182.